Johann Heyss

Meisterliche Numerologie

Johann Heyss

Meisterliche Numerologie

Die Geheimnisse einer alten Wissenschaft

WINDPFERD

Titel der Originalausgabe: *O livro dos números*
Distribuidora Record de Serviços de Imprensa S.A., Rio de Janeiro, Brazil
Aus dem Amerikanischen übertragen von Martin Rometsch

1. Auflage 2006

www.windpferd.de

Umschlaggestaltung: Peter Krafft Designagentur, Bad Krozingen
Illustrationen: Peter Ehrhardt
Layout: Marx Grafik & ArtWork
Gesetzt aus der Garamond
Gesamtherstellung: Schneelöwe Verlagsberatung & Verlag, Aitrang
Druck: Lindauer Druckerei Eschbaumer GmbH & Co, Lindau
Gedruckt auf säurefreiem, chlorfrei gebleichtem Papier

Printed in Germany · ISBN 3-89385-499-1

Inhaltsverzeichnis

Vorwort ... 9

Einführung ... 11

Teil 1

Begegnen Sie den Zahlen ... 15

1.1 Die Entstehung der einstelligen Zahlen ... 17

1.2 Die Grundzüge der Zahlen ... 18

0 Nichts ... 18

1 Einheit ... 18

2 Zwei Polaritäten ... 18

3 Dreiheit ... 19

4 Die vier Elemente ... 23

5 Das Pentagramm ... 26

6 Das Hexagramm ... 30

7 Die Zyklen der Sieben ... 30

8 Oktagon ... 32

9 Die dreifache Trinität ... 33

1.3 Die Meisterzahlen ... 35

1.4 Dreistellige Zahlen ... 39

Teil 2

Vertiefen Sie Ihr Wissen ... 43

2.1 Das Gesetz des Dreiecks ... 46

2.2 Die Elemente und das Gesetz des Vierecks ... 48

2.3 Fünfstellige Zahlen ... 58

2.4 Das Zurückführen der Zahlen ... 60

2.5 Buchstaben und Zahlen ... 62
2.6 Die allgemeinen Merkmale der Zahlen ... 64
1 EINS I ... 64
2 ZWEI II ... 65
3 DREI III ... 66
4 VIER IV ... 67
5 FÜNF V ... 68
6 SECHS VI ... 69
7 SIEBEN VII ... 70
8 ACHT VIII ... 71
9 NEUN IX ... 72
11 ELF XI ... 73
22 ZWEIUNDZWANZIG XXII ... 74
2.7 Andere Zahlen ... 75

Teil 3
Das Numerogramm ... 83
3.1 Die Berechnung ... 84
3.1.1. Die Persönlichkeit ... 88
3.1.2. Zusätzliche Informationen ... 94
3.1.3 Das Schicksal ... 96
3.2 Deutung ... 99
Numerogramm 1 ... 100
Numerogramm 2 ... 112

Teil 4
Die Zahlen und der Tarot ... 123
4.1 Die Numerologie der Arkanen ... 124
4.2 Das Spiegelspiel (11 Karten) ... 127
4.3 Das Dreiecksspiel ... 130
4.4 Das Golden-Dawn-Spiel ... 131

Teil 5

Zusätzliche Informationen 133

5.1 Zahlenkombinationen 134

5.2 Zahlen und Astrologie 145

5.3 Die Smaragdtafel 148

Schluss 153

Über den Autor 155

Literaturverzeichnis 157

Vorwort

Dieses Buch betrachtet die Numerologie aus einem neuen Blickwinkel. Es behandelt das Thema als Mischung aus Praxis und philosophischem Wissen über Kabbala, Magick, Mythologie und Kunst, und zwar von einem eklektischen Standpunkt aus, dem Ergebnis von Studien und Erfahrungen, die mehr als ein Jahrzehnt umfassen.

Diese Methode habe ich bereits in meinem ersten Buch, *Einweihung in die Numerologie*[1], auf exoterische (und somit allgemeinere) Weise dargelegt, um in das Thema einzuführen. Das Buch, das Sie in den Händen halten, habe ich in der Absicht geschrieben, tiefer in die obskuren und subtilen Aspekte der Zahlen einzudringen. Beachten Sie bitte, dass „exoterisch" sich auf äußeres Wissen bezieht, während das okkulte Wissen „esoterisch" genannt wird. Dennoch ist dieses Buch auch für Anfänger gedacht, und darum beginnt es mit einigen grundlegenden Gedanken und Berechnungen.

Zuerst lernen Sie einige unterschiedliche Zahlendeutungen kennen, die belegen, dass bestimmte Interpretationen in allen Kulturen gleich sind.

Nachdem Sie gelernt haben, die Zahlen zu lesen, sind Sie bereit für das Berechnen von Numerogrammen. Keine Angst – die Rechnungen sind ziemlich einfach. Zum leichteren Verständnis erläutere ich sie anhand von zwei Beispielen. Ich habe mich für das Numerogramm von Aleister Crowley, dem umstrittenen Magier und Autor, und von Madonna, dem berühmten Popstar, entschieden. Beide haben eine interessante Persönlichkeit, und ihr Leben ist gut dokumentiert. Zum Schluss stelle ich Tarot-Methoden vor, die auf Zahlen basieren, und ziehe Vergleiche zwischen den Zahlen und der Astrologie sowie zwischen den Zahlen und der „Smaragdtafel", einem uralten alchemistischen Text von Hermes Trismesgistos.

Ich hoffe, dieses Buch trägt dazu bei, dass die Menschen die Esoterik und die Numerologie mit neuen Augen sehen, denn beide wurden in den

---

[1] Aitrang: Windpferd, 2003

letzten Jahren vom Kommerz und vom Aberglauben überwuchert, was meiner Meinung nach oberflächlich und sogar unverantwortlich ist. Ich glaube nicht, dass banale Aussagen über eine ungreifbare Zukunft das Beste sind, was Praxis und Philosophie der Esoterik uns zu bieten haben. Niemand sollte für amateurhafte Kurse Geld verlangen – das ist so, als würde ein Laie Medikamente verordnen. Je mehr Internetseiten, Bücher, Vorträge und Kurse über esoterische Themen es gibt, desto mehr Leute entdecken plötzlich verborgene „Talente" und fangen ihrerseits an, Vorträge zu halten und Kurse über Tarot, Astrologie, Numerologie und andere Methoden zu leiten. Gewiss, es gibt zahllose Situationen, die unerkannte Talente wecken können – aber sie können bestimmt nicht die heutige „Kommerz-Esoterik" hervorbringen. Eine numerologische Sitzung muss beispielsweise vor allem eine Therapie sein; man muss sie ernst nehmen und dennoch Kunst und Verspieltheit miteinander verbinden.

„Die Methode der Kunst und das Ziel der Religion" ist etwas ganz anderes als das Ziel der Wissenschaft und die Methode der Religion. Wenn wir mit solchen esoterischen Werkzeugen arbeiten, müssen wir immer zu einer gesunden Selbstkritik bereit sein, um keine Fehler zu machen.

Ich danke allen Menschen und Situationen, die mir auf meinem Weg geholfen haben.

Einführung

Ein Buch über die Symbolik der Zahlen beginnt man am besten mit dem Hinweis, was Numerologie nicht ist; denn sie ist meist mit zu viel Aberglaube und Fantasie behaftet. Behalten wir also ein paar Grundsätze im Auge:

- Numerologie sagt nicht die Zukunft voraus.
- Numerologie sagt uns nicht, wie wir im Lotto gewinnen.
- Wir können unser Schicksal und unsere Persönlichkeit nicht dadurch ändern, dass wir unseren Namen oder unsere Unterschrift wechseln.

Das sind die Voraussetzungen, wenn Sie die Zahlen studieren wollen. Falls das, was Sie suchen, mit einem der genannten Missverständnisse zusammenhängt, muss ich Ihnen sagen, dass Sie es nicht finden werden, weder in diesem Buch noch sonst wo – es existiert einfach nicht. Dennoch, die Numerologie kann Aspekte der Persönlichkeit und des Schicksals enthüllen; aber sie respektiert immer den freien Willen als Alternative.

Lassen Sie mich nun einige häufig gestellte Fragen beantworten.

F: *Was sind Schicksal und freier Wille?*

A: Das Schicksal ist der natürliche Lauf der Dinge und Ereignisse. Wir können zum Beispiel nicht unser Geburtsdatum, unsere Volkszugehörigkeit, unser Geschlecht oder unsere Eltern ändern. Ein Mensch kann auch nicht fliegen. Das alles können wir als Schicksal bezeichnen, als unwiderrufliche Tatsachen. Den freien Willen können wir dagegen nutzen, wann immer wir wollen, und durch ihn unser Schicksal gestalten. Der freie Wille ist unser Einfluss auf das Schicksal. Wir können zwar nicht unser Geburtsdatum ändern, aber wir haben die Möglichkeit, jünger auszusehen, als wir sind, und sogar unser tatsächliches Alter fälschen. Wer als Mann geboren wurde, kann daran nichts ändern; aber er kann sich einer Geschlechtsumwandlung unterziehen. Es ist nicht zu ändern, dass wir in einem bestimmten Land geboren wurden; aber wir können auswandern. Und obwohl wir keine Flügel haben, können wir ein Flugzeug besteigen, das Menschen gebaut haben, um die Grenzen ihres Schicksals zu sprengen. Darum sind Menschen etwas Besonderes, im Guten wie im Schlechten.

F: *Wie geben die Zahlen Auskunft über unser Leben?*

A: Durch ihre Symbolik. Wir sollten davon ausgehen, dass alle Dinge Symbole sind und dass wir unbewusst (oder ganz bewusst wie ein wahrer Magier) alles anziehen, was wir widerspiegeln. Da der Name die erste Identifikation eines Menschen ist und das erste Zeichen seiner Individualität, bietet die Analyse der Buchstaben dieses Namens und die Analyse des Geburtsdatums – das sind die notwendigen Informationen für ein Numerogramm – einen präzisen Ausblick auf unser Leben und unsere Persönlichkeit. Wenn wir unser Bild im Spiegel betrachten, sehen wir nicht uns selbst, sondern eine Reflektion, die uns erkennen hilft, wer wir sind. Durch die Analyse des Numerogramms zeigt uns die Numerologie ein Spiegelbild unseres Geistes und unserer Seele.

F: *Sind diese Behauptungen wissenschaftlich haltbar?*

A: Das hängt davon ab, was wir unter „Wissenschaft" verstehen. Wenn wir sie als empirische und aufgeschlossene Suche nach Phänomenen und Erfahrungen aller Art betrachten, lautet die Antwort „ja". Ich studiere die Numerologie seit Jahren, und bei Workshops und Beratungen ist mir aufgefallen, dass jedes Numerogramm, das sich auf den vollständigen und korrekten Namen und das Geburtsdatum eines Menschen stützt, die Eigenschaften dieses Menschen offenbart. Das Numerogramm bestimmt nicht das ganze Leben wie ein Drehbuch, sondern es zeigt das Wesen und das Potenzial eines Menschen – und das ist alles, was es zu wissen gibt, denn der Reiz des menschlichen Lebens besteht in den unvorhersehbaren Folgen unserer Entscheidungen. Das heißt, dass die gleiche Zahl oder das gleiche Symbol, von verschiedenen Menschen oder in verschiedenen Situationen analysiert, unterschiedliche Blickwinkel und Schwerpunkte anbietet – obwohl das Symbol sich nicht verändert. Manchen Menschen ist ein verregneter Tag Grund genug, zu fluchen oder zu jammern, während andere darin eine Einladung sehen, romantisch oder vielleicht dynamisch zu sein. Das Symbol – der Regen – ist dasselbe, aber seine Bedeutung ändert sich je nach dem Blickwinkel und den Umständen.

Solche Prämissen sind kein Teil der so genannten rationalen Wissenschaft, bei der es um Ursachen und Wirkungen geht, denn ein Name (oder ein Geburtsdatum) bewirkt nicht, dass jemand sich so und nicht anders verhält. Er ist vielmehr ein Spiegel, der die Ereignisse unseres Lebens reflektiert. Diese Art, Ereignisse zu deuten, ist typisch für magische Traditionen und Orakel, aber der traditionellen wissenschaftlichen Denkweise diametral entgegengesetzt. Ich halte beide Methoden für nützlich, um bestimmte Ergebnisse zu erzielen, und obwohl die Wissenschaft große Entdeckungen gemacht hat, basiert sie auf der „konkreten“ Welt und kann daher spirituelle, philosophische und künstlerische Probleme nicht lösen.

Deshalb können Magick und Orakel nicht die Zukunft vorhersagen. Das Bedürfnis nach „Gewissheit“, mit dem wir den Mangel an Selbstvertrauen übertünchen wollen, der uns überwältigt (weil wir nicht wissen, woher wir kommen und wohin wir gehen), ist im Grunde materialistisch, und Magick ist nicht dafür gedacht, uns Gewissheit zu geben, sondern unsere spirituelle Entwicklung zu fördern. Das Studium des Numerogramms kann uns helfen, unsere Situation als kleinen Teil des großen Chaos zu verstehen, in dem wir leben. Dann spüren wir (und schließlich verstehen wir), dass es viele Arten von Wirklichkeit gibt. Das Universum gleicht einem Kaleidoskop, und seine materiellen Aspekte sind nur die offensichtlichen.

Die Welt der Zahlen spiegelt durch ihre Symbolik den Ursprung und die Quelle unserer Persönlichkeit wider. Wir können sagen, dass alle Traditionen Zahlen nutzen, um die Erschaffung der Welt zu beschreiben, und wir sind auch mit der Idee vertraut, dass Gott der große Mathematiker ist. Die parallele magische Welt ist die Welt der Kunst, die Kunst der Alchemisten und der wahren Künstler.

Teil 1

Begegnen Sie den Zahlen

Jede Zahl symbolisiert einen bestimmten Persönlichkeitstyp, eine Situation, ein Gefühl und mehrere weitere Assoziationen, die eine Welt mit vielen Facetten hervorbringen, voller Aspekte, die um dieselbe Wurzel kreisen, das Wesen der Zahl. Wenn wir dieses Wesen verstehen, erhalten wir Hinweise auf die vielschichtige Bedeutung der Zahlen. Studieren wir also die wichtigsten Zahlen und ihre Persönlichkeit:

1 Macht, Kraft, Männlichkeit, Potenz, Vitalität, Führerschaft

2 Subtilität, Zartheit, Weiblichkeit, Sanftheit, Zusammenarbeit

3 Kreativität, Vorstellungskraft, Kindheit, Begeisterung, Ruhm

4 Stabilität, logische Folge, Arbeit, Geduld, Organisation

5 Beweglichkeit, Veränderungen, Reisen, Neugier, Vergnügen, Empfindung

6 Harmonie, Diplomatie, Gesellschaft, Familie, Romantik

7 Studium, Philosophie, Wissen, Innenschau, Spiritualität

8 Materie, Wirtschaft, Materialismus, Sachlichkeit

9 Kommunikation, Weite, Universalität, Pragmatismus

11 Die Meisterzahl des Exzesses und der Magick. Die Verdoppelung der 1, verstärkt durch die subtilen Kräfte der 2. Der Weg der Schlange. Das vollkommene Gleichgewicht der Polaritäten.

22 Die Meisterzahl der logischen Folge und der Anbetung, die Verdoppelung der 2. Nicht so vollkommen wie die 11, weil sie anders als die 11 keine gegensätzlichen Kräfte einschließt. Die 22 ist notwendig, um alle anderen Zahlen zu erden. Der Weg des Lamms.

Nun wollen wir einen zweiten Blick auf die Zahlen werfen, um die einstelligen Zahlen von ihrem Ursprung her kennen zu lernen.

1.1
Die Entstehung der einstelligen Zahlen

Einstellige Zahlen sind die wesentlichen Zahlen; sie werden nur mit einer Ziffer geschrieben. Die folgende Liste enthält ihre strukturellen Eigenschaften:

1 Kommt von der 0. Wut als notwendige Bedingung des Seins und des Lebens. Der erste Schrei eines Kindes.

2 1 + 1, die Zerstörung der Einheit, nur um der Lust an der Wiedervereinigung willen. Eine halbe 4 (4 : 2), reduzierte Bemühungen. Langsamkeit.

3 1 + 2, die Lösung des Konflikts zwischen dem Männlichen und Weiblichen. Eine halbe 6: Da die 6 eine passive (und gerade) Zahl ist, führt ihre Teilung zu aktiver Materie (3). 9 : 3 = 3 symbolisiert dreidimensionale Harmonie.

4 1 + 3, die Erschaffung des Kindes, sein materieller Körper, seine Basis. Eine halbe 8, also der halbe Weg zum Ziel.

5 1 + 4, die expansive 1. Eine halbe 10, also ein halber Zyklus. Die 5 Sinne.

6 1 + 5, der Krieger ruht sich nach gewonnener Schlacht zu Hause aus. Der 6. Sinn.

7 1 + 6, die Entwicklung des Denkens. Der 7. Sinn. Eine halbe 14 – die 14 ist die Zahl der hohen Kunst und steht für den halben Weg dorthin.

8 1 + 7, der Lohn der Mühe. Eine halbe 16 – die 16 ist die Zahl der vernichteten Materie, die 8 somit die höhere Ebene der Materie.

9 1 + 8, das Ende eines Zyklus durch die Einverleibung des Meisters, des Mitarbeiters, des Kreativen, des Arbeiters, des Impulsiven, des Soldaten, des Weisen und des Geschäftsmannes. Sie alle werden eins. Das Ende der einstelligen Zahlen.

Nach dieser kurzen Beschreibung der einstelligen Zahlen und ihrer Entstehung fällt es uns leichter, die Grundzüge der Zahlen zu verstehen.

1.2
Die Grundzüge der Zahlen

0 Nichts

In gewisser Hinsicht ist die 0 eine Antizahl oder eine Nichtzahl, da sie das Nichts[2] symbolisiert, das Fehlen existierender Dinge. Dies ist eine abstrakte Idee, denn wir können die Abwesenheit nur durch die Existenz oder ihr Fehlen verstehen. Aleister Crowley entwickelte folgende Formel des Universums: 0 = 2. Dabei gilt: null ist Nuit, (Nicht-Ich), die Große Expansion; und 2 ist Hadit, die Große Kontraktion. Die 0 symbolisiert also die schiere spirituelle Existenz, und der Geist ist die Wurzel der Materie. Die 0 bringt jede einzelne Zahl hervor, erschafft also Existenz aus ihrer eigentümlichen Nichtheit.

Jede Zahl, die der 0 folgt, ist eine der unendlich vielen Kombinationen der Einheit – und Einheit kommt aus dem Nichts. Die 0 liegt jenseits jedes objektiven Bewusstseins.

1 Einheit

Symbol der phallischen, aggressiven Energie und der Einheit. Das einzige existierende Wesen, ohne Gegenstück, ohne Doppelgänger, ohne etwas Ähnliches. Die 1 ist in ihrer Einzigartigkeit die Königin. Als Erste ist sie meist die Größte. Eine sonnenhafte, glänzende und strahlende Zahl.

2 Zwei Polaritäten

Der Wandel ist eine notwendige Tatsache jedes Lebenszyklus. Alles ändert sich ständig, und das wird immer so sein. Darum kann die 1 nicht unendlich lange allein bleiben: Sie muss zerbrechen und zwei gegensätzlich Pole hervorbringen. Die 2 ist das Symbol der empfänglichen, passiven, weiblichen, lunaren und zarten Energie. Die 2 lebt für andere, aber dafür braucht sie einen Partner, der das breite Spektrum ihrer empfindsamen

---

[2] Aleister Crowley, *777 and Other Qabalistic Writings*. Maine: Samuel Weiser, 1973, Buch 2, S. 3.

Gefühle schützt. Das gilt nicht nur für romantische Beziehungen, sondern auch für Menschen, die zusammenarbeiten.

Die 2 erinnert uns an Rhythmus, Tanz und Mathematik, denn das Zählen beginnt mit der 2. Wir zählen nicht „bis 1", denn die 1 ist die einzige Zahl, die man nicht zählen muss. Die 2 ist der Herzschlag, der Odem des Lebens, die andere Seite, das Gegenteil, das Nein, die Dualität, zwei Wege, die wir wählen können.

Ungerade Zahlen sind männlich *(yang):*
1,3,5,7,9,11,13,15,17,19 usw.

Gerade Zahlen sind weiblich *(yin):*
2,4,6,8,10,12,14,16,18 usw.

Zahlen machen die Pole ihres Verhaltens sichtbar. Jede ungerade Zahl steht zum Beispiel im Mittelpunkt: die 1 als Führer, die 3 als Kommunikator, die 5 als Rebell, die 7 als Intellektueller, die 9 als Humanist und die 11 als Bilderstürmer.

Gerade Zahlen sind empfänglich: Die 2 ist passiv, die 4 ist resigniert, die 6 fördert Harmonie durch Diplomatie, die 8 macht Materie empfänglich für den Geist, und die 22 ist die Verneinung des Ichs.

3 Dreiheit

Die Dualität bringt die heilige Dreiheit hervor. Sie kommt aus der 0 (Durchsichtigkeit), geht durch die 1 (yang, klar, aktiv) und die 2 (yin, dunkel, passiv) und erreicht schließlich ein Gleichgewicht zwischen beiden. Wir können die 1 auch als Vater, die 2 als Mutter und die 3 als Sohn betrachten. Die 3 ist also das Kind, das Ergebnis sich vereinigender Pole, die Schöpfung, der Sohn, die Idee, die Expansion durch Vereinigung von Gegensätzen, die vollständige Absorption, die Interaktion mit dem Ganzen.

Die Idee von der Dreiheit als Vollkommenheit und Gleichgewicht finden wir in vielen Kulturen und Mythen.

Christentum

Vater, Sohn und Heiliger Geist / Jesus, Maria und Josef.

Im Christentum ist der Vater die 0 (abstrakt und nicht greifbar), der Sohn die 1 (die Fortsetzung der 0, der Folgende) und der Heilige Geist die 2 (die höchste und endgültige Verschmelzung der beiden anderen Zahlen, deren Existenz verborgen ist). Bei der anderen Dreiheit ist es umgekehrt: Jesus ist die 3 (Sohn), Maria die 2 (Mutter) und Josef die 1 (Vater).

Ägyptische Religion

Isis, Osiris, Horus

Die archetypische ägyptische Familie besteht aus Isis, Osiris und Horus.[3] Isis symbolisiert die Große Mutter der heidnischen Zeit. Damals wurden einige Formen der Macht (einer männlichen Eigenschaft, symbolisiert von der 1) eher mit dem Weiblichen und Mütterlichen verbunden, und die Menschen verehrten die Göttin, nicht den Gott. Darum wird Isis (die beliebteste Göttin Ägyptens) als große Führerin der 1 zugeordnet. Osiris ist der ermordete Gott – ein Äquivalent zu Jesus – und mit der 2 verbunden, da er geopfert wird, was Verlust und Passivität impliziert. Horus ist das erobernde Kind und somit die natürliche 3, der Sohn der Isis und des Osiris, ein ungestümer, kriegerischer Gott.

Thelema

Nuit, Hadit, Ra-Hoor-Khuit

In der Kosmologie Thelemas, die stark von der ägyptischen Mythologie geprägt ist, gilt Nuit (oder Nut, die Nacht) als Hauptgottheit. Sie ist das Große Nichts, das alles enthält und alles umfasst. Hadit, ihr Gatte, ist der Punkt innerhalb des Kreises. Man beachte, dass Frauen, hierarchisch betrachtet, die spirituelle Welt regieren, während Männer die materielle Welt beherrschen. Der Leib des Mannes ist männlich, seine Seele ist weiblich; darum ist der Leib der Frau weiblich und ihre Seele männlich. Diese Dualität, die C. G. Jung *Anima* und *Animus* nannte, könnte erklären, warum heidnische Priesterinnen mehr spirituelle Autorität hatten, im Gegensatz zum Judentum und zum Christentum. Der scheinbare Widerspruch (die Göttin als 1 und der Gott als 2) ist daher nichts als die verborgene Wahr-

[3] W. Wynn Westcott. *Os números – Seus poderes ocultos e suas virtudes místicas.* São Paulo: Pensamento, 1998, S. 39

heit. Spiritualität ist also weiblich, das Materielle ist männlich – obwohl beide Geschlechter spirituelle und materielle Eigenschaften entwickeln müssen, so wie Ra-Hoor-Khuit, der Sohn, der sie alle vereinigt. Er ist für das New Age (der neue Äon der Thelemiten), was Osiris für die christliche Ära (die vor rund 2000 Jahren begann und nun dem Wassermannzeitalter weicht) und Isis für die heidnische Zeit war.

Crowley schuf eine negative Trinität aus zwei Zahlen: Stille. Nuit 0; Hadit; Ra-Hoor-Khuit 1.[4] Stille zählt nicht, aber sie ist dennoch der Anfang von allem, selbst der Zahl 0, der Nuit. Hadit ist der Wendepunkt zwischen Nichts und der tatsächlichen Einheit, die als Ra-Hoor-Khuit erscheint.

Griechische Mythologie

Zeus, Demeter, Ares / Pan, Aphrodite, Hermes

Die erste Trinität spiegelt die ursprüngliche Ordnung wider: 1 ist Zeus, der Große Vater, der Gott der Götter. 2 ist Demeter (im alten Griechenland wurde eine Göttin als fürsorgliche Mutter verehrt; sie hieß meist Demeter, hatte aber auch andere Namen[5]), und 3 ist Ares, ein brutaler, kriegerischer Gott und Eroberer (dieser zwiespältige Aspekt der 3 bleibt oft unerwähnt; aber diese Zahl spiegelt die Absicht wider, die besten Teile der 1 und der 2 zu veredeln – ein hohes Ziel). Vergessen wir nicht, dass jede ungerade Zahl potenziell ehrgeizig ist.

Pan kann die 0 oder die 1 sein, denn er verkörpert sowohl das Allgemeine als auch das Besondere. Aphrodite ist der Inbegriff des Weiblichen, also die perfekte 2, und Hermes ist das Wunderkind, somit die 3.

Natürlich gibt es noch weitere Assoziationen für die Dreiheit in der griechischen Mythologie, die ja sehr ausgeklügelt ist. Ich führe hier nur die bekanntesten an (oder jene, die ich am besten kenne).

Hinduismus

Brahma, Vishnu, Shiva

Brahma (1) ist der Große Schöpfer, Vishnu (2) ist der Große Erhalter, und Shiva (3) ist der Große Wandler, der zerstört, um zu erschaffen. Shiva ist wie Horus und Ra-Hoor-Khuit ein Gott der Gewalt und des Krieges; er

---

[4] Aleister Crowley. *The Book of Lies.* Maine: Samuel Weiser, 1993, S. 11
[5] In Rom hieß sie Cibele.

symbolisiert also den männlichsten Aspekt der 3 (die ja eine ungerade Yang-Zahl ist, trotz ihrer kindlichen Form).

Römische Mythologie

Jupiter, Venus, Merkur / Apollo, Diana, Mars / Mars, Venus, Harmonie

Jupiter als 1 ist der Schöpfer und Vater, Venus als 2 der weibliche Archetypus, die römische Aphrodite, und Merkur als 3 die Idee, der Gedanke, die Botschaft sowie Unreife und Kommunikation.

Apollo, der Sonnengott, ist die strahlende Mitte (1), Diana die Mondgöttin (2) und Mars der tapferste Aspekt der 3, der Eroberer und Krieger, der aufbaut und wachsen lässt.

Die männlichen und feindseligen Aspekte des Mars als 1 und die Schönheit und Weiblichkeit der Venus als 2 verbinden sich und erzeugen Harmonie, ihre Tochter, ein Beispiel für die höheren Aspekte der 3.

Kabbala

Kether, Chokma, Bina / Chokma, Bina, Daat

Kether ist 0, das Nichts, die Abwesenheit der Manifestation. Doch das Wissen um diese Abwesenheit bringt etwas hervor, und dann ist die Idee des Nichts mit allem erfüllt, was möglich ist. Darum ist Kether auch der Zündfunke der 1, des Anfangs von allem. Chokma ist die 1 (der männliche Pol in seiner reinsten Form) und Bina ist die 2 (der weibliche Pol).

Chokma kann aber auch die 1 und Bina die 2 sein, während Kether als 0 wegfällt. Dadurch enthüllt sich die Verbindung zwischen 3 und Daat, der verborgenen Sefira (die in gewisser Weise ebenfalls mit der 0 verbunden ist, denn sie bleibt verhüllt und scheinbar nichtexistent). Dies ist im Vergleich zur Ersten eine niedrigere Trinität.

Astrologie

Sonne, Mond, Erde

Vom menschlichen Standpunkt aus sind Sonne und Mond das Urbild der Dualität: männlich/weiblich, Vater/Mutter, Tag/Nacht. Darum ist die Sonne die 1, der Mond die 2 und die Erde die 3. Auf der Sonne ist immer „Tag", denn sie scheint immer, auch wenn wir sie nicht sehen. Der Mond hat dagegen zwei Seiten, eine dunkle und eine helle, was seine Zweideutigkeit unterstreicht. Die Erde schließlich verbindet beide Zustände und symbolisiert daher die Auflösung der Gegensätze.

Ich glaube, dass jede Religion und jedes abstrakte Denken an irgendeinem Punkt auf die Dreiheit stößt: Eine Aktion setzt eine Reaktion in Gang, die eine Wirkung zeitigt. Das Ursprüngliche wird also von der Reaktion verändert. Darum gilt: Ursprung = 1, Reaktion (das Gegenteil des Ursprungs) = 2, Wirkung (das von der Reaktion veränderte Ursprüngliche) = 3.

Es gibt drei Phasen der Zeit:
Vergangenheit, Gegenwart und Zukunft,
und eine Antwort kann ja, nein oder vielleicht lauten.

4 Die vier Elemente

Das Kind (3) ist die Idee in ihrer reinsten Form. Die Manifestation des Kindes, das heißt seine Integrität und Erziehung, hängt von einer bewahrenden Kraft ab, nämlich von der 4, die Organisation, Festigkeit, Struktur und eine gewisse Einschränkung bedeutet.

Es gibt 4 Elemente oder Kräfte, die wir als Zahlenreihen darstellen können:[6]

1 (5, 9, 13 usw.) = Feuer · Geist · Sommer · heiß · Osten
2 (6, 10, 14 usw.) = Wasser · Gefühl · Herbst · feucht · Westen
3 (7, 11, 15 usw.) = Luft · Gedanke · Winter · kalt · Norden
4 (8, 12, 16 usw.) = Erde · Materie · Frühling · trocken · Süden

Wenn die 3 die schöpferische Energie ist, dann ist die 4 produktive Energie, verantwortlich für die Form und Substanz des Denkens. Ein neugeborenes Kind (3), um das die Eltern sich kümmern, existiert, benötigt aber Erziehung (4), damit es sich weiterentwickelt und unabhängig wird. Darum kann die 4 nicht nur im geometrischen Sinne als „Rechteck“ (miss)verstanden werden (das Rechteck ist das geometrische Sinnbild der 4), sondern auch als konservativ. Im großen Bild erscheint die 4 als etwas störrisch, so wie die 3 unerfahren und verträumt ist. Wenn die 4

[6] W. Wynn Westcott *Os números – Seus poderes ocultos e suas virtudes místicas*. São Paulo: Pensamento, 1998, S. 45

die Energie der Bewahrung ist, dann ist es ganz natürlich, dass sie den Wandel und alles Neue ablehnt.

Es gibt 4 Himmelsrichtungen, 4 Wochen im Monat, 4 Lebensphasen (Kindheit, Jugend, Reife und Alter).

Die 4 ist stabil und beherrscht, aber sie kann ebenso destruktiv wie konstruktiv sein. Diese Zahl symbolisiert die Geburt der organisierten Materie und ist daher die Zahl des Aufbaus. 4 mal 4 ist jedoch das Ende der Materie (siehe 2.2), und die 16 ist die Zahl der Zerstörung jeder Organisation, ohne Rücksicht auf gut und böse – die Zahl des Chaos.

Das Wort *amen* am Ende eines Gebets ist das vierte Element, das unser Gebet erdet, ihm materielle Substanz verleiht, damit es sich erfüllen kann. Diese Eigenschaft wird im Ausdruck *le-olan-amen* offenkundig, der in ägyptischen und thelemitischen Riten benutzt wurde. Er bedeutet „An die Zeitalter, amen" und ist sowohl eine Bitte als auch eine Bekräftigung.

Die 4 spielt in verschiedenen Kulturen eine sehr auffällige Rolle; sie ist immer ein Symbol der materiellen Entwicklung. Man vergleiche die Beispiele unten mit denen bei der Zahl 3, und man erkennt, dass die 3 immer zwei verschiedene Aspekte vereinigt, während die 4 Entwicklungen fördert und ein Fundament liefert.

Christentum

Am Ende des Vaterunsers sprechen wir die Worte „Im Namen des Vaters, des Sohnes und des Heiligen Geistes" (eine Anrufung der Trinität) und „amen" (eine Bekräftigung der Einheit durch das vierte und letzte Element).

Ägyptische Religion

Horus hat 4 geniale Söhne: Amset, Ahepi, Tuamutef und Khebesenuf. Sie sind die Hüter der Toten und werden von 4 Göttinnen geschützt: Isis, Neftys, Neith und Serquet.[7]

---

[7] *Op. cit.*, S. 47, 48

Kabbala

Es gibt 4 Welten der Emanation, die zugleich Bewusstseinszustände sind: Azilu (Welt des Geistes), Bria (Welt der Gefühle), Jezira (Welt des Denkens) und Assia (Welt der Materie). Der göttliche Name Jod-he-wau-he (IHWH) hat vier Buchstaben.[8]

Hinduismus

Es gibt vier große Zeitalter oder Mahayugas: Satya-yuga (Zeit der hohen Ideale, der Religiosität und der Charakterstärke), Tetra-yuga (Beginn des Niedergangs, aber im Vergleich zum Kali-yuga noch milde), Dvapara-yuga (Entwicklung der Wissenschaft, Niedergang der Religion) und Kali-yuga (Zeit der Konflikte und des Materialismus, der Tiefpunkt vor einem neuen Satya-yuga). Wenn man diese Mythen nicht dogmatisch betrachtet, wird klar, dass sie im Grunde die Entwicklung der Menschheit beschreiben. Es sind weder gute noch schlechte Zeitalter, sondern Ebenen des Wachstums. Satya-yuga ist nicht besser als Kali-yuga, denn das eine kann ohne das andere nicht existieren – sie sind Facetten eines größeren und komplexeren Systems der Entstehung und Entwicklung.

Die Verehrer Vishnus benutzten die Swastika (das Hakenkreuz) als Symbol des Glücks, lange bevor die Nazis es missbrauchten. Dennoch müssen einige Anhänger Krishnas und andere Hindus manchen Leuten immer noch erklären, dass die ursprüngliche Bedeutung des Symbols nichts mit den perfiden Ideen Hitlers zu tun hat.

Thelema

Crowley verurteilte offen die Starrheit der 4 und hielt sie für den großen Feind der Verbindung zwischen 5 und 6, dem Mikro- und dem Makrokosmos.[9]

Tarot

Es gibt vier Gruppen von Kleinen Arkanen: Stäbe = Feuer = 1, Kelche = Wasser = 2, Schwerter = Luft = 3, Münzen = Erde = 4.

---

[8] Dion Fortune. *The Mystical Qabalah.* São Paulo: Pensamento, 1984, S. 23, 24
[9] Aleister Crowley. *777 and Other Qabalistic Writings,* Buch 1, S. 3

Astrologie

Die Tierkreiszeichen werden in 4 Gruppen zu je 3 Zeichen angeordnet. Quadraturen gelten im Horoskop als ungünstig.

5 Das Pentagramm

Nachdem etwas Stabilität hergestellt wurde, ist es nun Zeit, etwas zu verändern, weiterzugehen, besser zu werden, die Meinung zu ändern und neue Wege zu erkunden. Die 5 ist die *menschliche* Zahl, weil sie den menschlichen Körper und seine fünf Sinne symbolisiert. Der Körper hat die Form eines – positiven – Pentagramms, wenn er Arme und Beine öffnet.

Das Kind hat seinen Körper entwickelt und wächst heran. Jugendliche lehnen sich gegen alles und jeden auf, um ihre Persönlichkeit zu bestätigen. Die Pubertät ist eine Zeit der Entdeckungen und der Versuche, mit Sex und Drogen Tabus zu brechen. Heranwachsende stellen alles auf die Probe, um selbst herauszufinden, was brauchbar ist. Der Rat der Eltern gilt in dieser Phase nicht viel; das Kind will das Leben und die Welt unbedingt selbst erfahren. Die 5 kann einen Jugendlichen symbolisieren, aber auch einen unreifen Erwachsenen, der alle Rechte für sich beansprucht, ohne die damit verbundene Verantwortung übernehmen zu wollen. Die Zahl 5 spielt in verschiedenen Traditionen eine ganz besondere Rolle, vor allem im Okkultismus, bei heidnischen Ritualen und in der Alchemie.

Magick[10]

Die 5 ist eine sehr wichtige Zahl in der Magick. Das Pentagramm ist eines ihrer Symbole; es steht für die Macht des Magiers über die Elemente. Das positive Pentagramm ⛤ ist ein Katalysator der positiven, aktiven Energie, das umgekehrte Pentagramm ⛧ ist ein Sinnbild negativer, passiver Energie.

Das kleine Ritual des Pentagramms eignet sich vorzüglich dafür, mit Magick und mit allem, was die Zahl 5 symbolisiert, umzugehen. Es ist eine Art Übung, die uns bei der Konzentration auf die materielle und imma-

[10] Es gibt zwei magische Wege: die klassische (alte, traditionelle, osirische und verborgene) Magie und die Magick, wobei der Buchstabe k – mit dem Zahlenwert 11 – die Entwicklung der Magie und die Evolution symbolisiert, die Akzeptanz und Zufriedenheit bringen.

terielle Welt hilft. Das höchste Ziel dieses Rituals ist der ständige Kontakt mit dem Wesen, das in der äußeren Welt Adonai oder heiliger Schutzengel heißt. Sein wahrer Name ist von Mensch zu Mensch verschieden, und nur Sie kennen den Namen Ihres Schutzengels, der Ihr tiefstes Wesen ist, der ältere und doch jüngere Teil Ihrer selbst. Machen Sie also nun eine Pause, und probieren Sie dieses meditative Ritual aus (warum nicht?).

Das kleine Ritual des Pentagramms[11]

a) Das kabbalistische Kreuz

Berühren Sie die Stirn mit der Spitze des Zeige- und Mittelfingers, und sagen Sie ATE (für dich).

Berühren Sie Ihr Geschlecht, und sagen Sie MALKUT (Königreich).

Berühren Sie die rechte Schulter, und sagen Sie WE-GEBURA (Macht).

Berühren Sie die linke Schulter, und sagen Sie WE-GEDULA (Ruhm).

Verschränken Sie die Finger auf der Brust, und sagen Sie LE-OLAHN-AMEN (auf ewig gesegnet).

Während Sie alle diese Körperteile mit beiden Fingern berühren, visualisieren Sie einen Lichtstrahl (wählen Sie seine Farbe selbst), der Ihre Bewegungen nachzeichnet. Dadurch erhalten Sie ein Kreuz mit der Basis auf dem Geschlecht und der Spitze auf dem Kopf. Die Schultern bilden den waagrechten Balken. Wenn die Hände auf der Brust liegen, visualisieren Sie eine Rose, die ihre Blütenblätter öffnet. Sie können eine magische Waffe Ihrer Wahl benutzen oder eine Waffe, die sich für Ihre Arbeit am besten eignet. Stäbe fördern die spirituelle Arbeit, Kelche die Liebe und die Gefühle, Schwerter den Verstand und Münzen materielle Dinge.

---

[11] Aleister Crowley. *Magick in Theory and Practice*. New Jersey: Castle, 1991, S. 79, 378

b) Die Pentagramme zeichnen

Bei der Anrufung müssen Sie die Pentagramme in die Luft zeichnen (vereinigen Sie Daumen, Zeigefinger und Mittelfinger). Beginnen Sie oben wie auf der Abbildung:

Mit den drei Fingern (oder mit der Waffe Ihrer Wahl) zeichnen Sie nun das Pentagramm im Osten. Atmen Sie dann ein, stechen Sie mit den Fingern oder der Waffe ins Zentrum des Pentagramms, und sagen Sie JE-HO-WA.

Wenden Sie sich nun nach Süden (nach rechts, falls Sie im Osten begonnen haben), zeichnen Sie ein weiteres Pentagramm, atmen Sie ein, stechen Sie zu, und sagen Sie ADONAI.

Drehen Sie sich jetzt nach Westen, zeichnen Sie das Pentagramm, atmen Sie ein, stechen Sie zu, und sagen Sie E-HE-JAJ.

Zum Schluss schauen Sie wieder nach Osten, öffnen die Arme und rufen die Erzengel an:

c) Die Anrufung der Erzengel

Öffnen Sie die Arme, so dass Ihr Körper ein Kreuz bildet, und sagen Sie:

„Vor mir RAPHAEL

Hinter mir GABRIEL

Rechts von mir MICHAEL

Links von mir URIEL

Denn das Pentagramm umringt mich als Flamme

Und in der mittleren Säule strahlt der sechszackige Stern."

Natürlich brauchen Sie Fantasie, damit dieses Ritual erfolgreich ist. Wir sind daran gewöhnt, Fantasie als naiv zu betrachten, als Marotte der Spinner. Aber Sie können Ihre Fantasie auch sinnvoll nutzen, um eine höhere Bewusstseinsebene zu erreichen – nicht, um aus der „wahren Welt“ in eine eingebildete Welt zu fliehen, wie unsere pragmatische Gesellschaft jeden veränderten Bewusstseinszustand nennt.

Um zu bannen, also um sich von fremden Schwingungen zu befreien, verwenden Sie das gleiche Ritual, zeichnen aber das Pentagramm anders. Sie beginnen unten links wie auf der Abbildung:

Bei jeder Anrufung sollten Sie den Bann wiederholen.

Die Bedeutung der 5 und der 6 in diesem Ritual liegt auf der Hand. Die 5 ist die Evolution des menschlichen Geistes, und die 6 ist der Aufstieg der Menschheit auf höhere Ebenen. Darum ergibt die Summe beider Zahlen 11, die Zahl der Magick.

Thelema

Die 5 ist die Zahl des Willens. Sie steht am Anfang des großen Werkes. Wenn die 4 der Feind des menschlichen Willens[12] ist (wegen ihrer Begrenztheit und ihres Konservatismus), dann ist die 5 das Zeichen des menschlichen Willens, die Grenzen der materiellen Welt zu sprengen.

Alchemie

Die 5 ist die Quintessenz, die Mutterwurzel der vier Elemente (Feuer, Wasser, Luft, Erde); sie ist das flüchtige Element, das wir nur in bestimmten Bewusstseinszuständen wahrnehmen. Alchemisten nennen die Quintessenz „Sohn der Sonne“.

---

[12] *Op. cit.*, S. 43

Rosenkreuzer

Für Rosenkreuzer ist die 5 ein Kreuz, das sie tragen müssen, eine Zahl des Sündenfalls, des Todes, der Unordnung, des Verfalls und der Fäulnis.[13] Das liegt vielleicht an ihrer Impulsivität, die uns bisweilen in den Ruin treibt. Doch im Licht des neuen Äons gilt das nicht mehr, denn es ist offenkundig, dass eine konsequente Einstellung das gleiche Ergebnis zeitigen kann – es gibt immer einen unvorhersehbaren Aspekt. Die Idee des Kreuzes als Last stammt aus dem Christentum.

Chinesische Kosmogonie

Die Chinesen kennen 5 greifbare Elemente: Feuer, Wasser, Metall, Erde und Holz. Die 5 ist eine heilige Zahl, weil es „fünf Schönheiten" gibt: langes Leben, Wohlstand, Gesundheit, Tugend und natürlicher Tod.

6 Das Hexagramm

Da die 5 die Zahl ist, die alle Verführungen und Unvollkommenheiten des Menschen manifestiert (ist Ihnen schon einmal aufgefallen, wie nah verwandt diese Merkmale sind?), symbolisiert die 6 das Ideal der menschlichen Vollkommenheit. Die 6 besteht aus zwei Dreiecken, einem positiven und einem negativen, ähnlich wie die 3 die 1 und die 2 benutzt. Aber die 6 tut es auf einer höheren Ebene (oder auf einer niedrigeren, je nach Blickwinkel). In der Magick und im Okkultismus gibt es auch ein Ritual für die Zahl 6: das kleine Ritual des Hexagramms. Dafür muss man jedoch zuerst mit dem Ritual des Pentagramms vertraut sein.

7 Die Zyklen der Sieben

Diese Zahl gilt oft als rätselhaft, rauschhaft, einsam, losgelöst, schwierig und magisch. Crowley entdeckte in ihr einige unglückliche Aspekte, deren Quelle die Sucht nach Perfektion ist – eine typische Eigenart der 7. Niemand kann einen Krieg gegen die Unvollkommenheit gewinnen, solange er auf dieser Welt lebt. Darum kann die 7 fanatisch und besessen sein – aber deshalb ist sie manchmal auch der Vollkommenheit näher. Obwohl Crowley

[13] Ralph M. Lewis. *Simbolos Antigos e Sagrados*. Rio de Janeiro: Renes, 1979, S. 95

diese Zahl als Symbol des blinden Strebens nach Perfektion betrachtete (dieser Wunsch ist sinnlos, weil Unvollkommenheit der natürliche Zustand des Lebens auf Erden ist), hielt Heydon sie für die Zahl der Tugend, ein Symbol Gottes und ein Sinnbild der Jungfräulichkeit.[14]

Alles in allem symbolisiert die 7 das Denken, das unterschiedliche Dinge hervorbringt, zum Beispiel die Entwicklung der Technik und den Sophismus. Wie alle Archetypen hat die 7 dunkle und helle Aspekte. Ihre Kälte verbirgt nicht die Brillanz ihres Denkens, ihre tiefe Religiosität und ihre gute Auffassungsgabe. Darum symbolisiert die 7 die kulturelle und spirituelle Basis der Dinge. Sie ist eine Primzahl und steht somit außerhalb jeder (oberflächlichen) gesellschaftlichen Beziehung. Dies macht sie zu einem Symbol der Menschen, die zur Innenschau neigen und andere genau – und von ferne – einschätzen.

Jede Zahl hat ihre eigenen Zyklen, und die der 7 sind beachtlich:[15]

- Alte Traditionen beschreiben das Wachstum des Menschen anhand von Zyklen der 7 und mit den Vielfachen dieser Zahl: Das 7. Lebensjahr ist das Ende der Kindheit und der Beginn der Vorpubertät. Die 14 ist der Beginn der Jugendzeit. Zwischen 21 und 28 kommt das Erwachsenenalter, und zwischen 28 und 35 erreicht die körperliche Kraft ihren Gipfel. Von 35 bis 42 regiert uns meist die Leidenschaft, während die Zeit von 42 bis 49 den Höhepunkt der Intelligenz bringt. Die Periode von 49 bis 56 ist die Zeit der Weisheit, und danach dominiert der Geist.
- Die alten Riten handeln von den 7 Planeten (wobei auch Sonne und Mond als Planeten gelten), die man damals kannte. Das ist offensichtlich überholt, aber es mag für jene brauchbar sein, die den wissenschaftlichen Fortschritt ignorieren.
- Es gibt 7 Noten, 7 Wochentage, 7 Meere, 7 Grundfarben, 7 Chakras, 7 Öffnungen im Kopf.
- Bei den Chinesen ist die 7 ein Begräbnissymbol. Bei den Japanern und Tibetern ist die Zeit zwischen Leben und Tod 49 (7 x 7) Jahre lang. Die 49 ist zudem die Zahl der Stängel beim I Ging.
- Die Katholiken kennen 7 Todsünden.

---

[14] Charles Vega Parucker (Herausg.). *O Universo do Números.* Curitiba: AMORC, 1997, S. 182
[15] W. Wynn Westcott. *Op. cit.,* S. 59

Crowley hielt die 7 auch für die Zahl der Boten aus dem Unendlichen. In Wirklichkeit gibt es 8 davon, aber Crowley beginnt wie ein Kabbalist bei 0 zu zählen. Die Liste sieht so aus:[16]

0 Laotse (Taoismus)

1 Siddhartha Gautama (Buddhismus)

2 Krishna (Hinduismus)

3 Thot, Tahuti, Hermes (ägyptische Religion)

4 Moses (Judentum)

5 Dionysos, Jesus (Christentum)

6 Mohammed (Islam)

7 Perdurabo (Thelema)

Das hebräische Alphabet hat 7 doppelte Buchstaben.

Beachten Sie, dass Crowley sich selbst in Gestalt des Perdurabo als achten Boten betrachtete.

8 Oktagon

Die Zahl 8 wird meist nur mit materieller Macht assoziiert, als Gegenspielerin der 7. Die Zweideutigkeit dieser Zahl wird in der *Lemniscata* deutlich, dem Symbol des Unendlichen: ∞, einer liegenden 8. Sie enthält Aspekte sowohl des extremen Materialismus als auch des Unendlichen.

Da die 8 eine doppelte 4 ist, gilt sie als Symbol des erworbenen Adels und des erarbeiteten Wohlstandes. Die 4 ist der Arbeiter, die 8 der Industrielle. Darum ist die 8 eine sehr stabile Zahl.

Haydon erklärt, bei den Pythagoräern sei die 8 die Zahl der Gerechtigkeit und der Fülle gewesen.[17]

Die Chinesen verbinden *hachi,* die 8, mit Musik und mit einer „geordneten Vielfalt".[18]

Die Schattenseite dieser Zahl ist Gier und übertriebenes Haften an materiellen Dingen. Die 8 symbolisiert einen Charakter, der von Gerechtigkeit besessen ist, vielleicht sogar paranoid wird und sich als „Hüter der Wahrheit" gebärdet. Ein weiterer obskurer Aspekt dieser Zahl ist ihr

---

[16] Aleister Crowley. *The Book of Lies. Op. cit.,* S. 24
[17] Charles Vega Parucker. *Op. cit.,* S. 182
[18] François-Xavier Chaboche. *Vida e mistério dos números.* São Paulo: Hemus, 1979, S. 153

bisweilen verzerrtes Moralgefühl (obwohl die 8 imstande sein mag, ihre Heuchelei besser als die 4 zu verbergen, weil sie geschickter ist).

Die 8 ist eine Zahl der Unbeweglichkeit und daher konservativ. Crowley hielt sie für die große Zahl der Erlösung.[19]

Es gibt 8 Richtungen. Dies ist die Zahl des Kompasses, der die Windrichtungen misst.

Die 8 ist das Stadium zwischen dem Kreis und dem Quadrat, weil der achteckige Stern aus zwei Quadraten besteht, die einen Kreis bilden.

Deshalb ist sie ein Symbol des Geistes und der Materie: ∞ und 8.

9 Die dreifache Trinität

Die 9 ist eine multidimensionale Zahl, dramatisch, widersprüchlich, flink, weitschweifig, charismatisch, impulsiv, großzügig ... faszinierend, selbst wenn sie lästig wird.

Die 9 verstärkt jeden Aspekt der 3. Legen Sie die 3 unter eine Lupe, und Sie haben eine 9. Diese Zahl steht am Ende eines Zyklus und am Anfang eines neuen. In mehreren Traditionen (z. B. bei Azteken, Buddhisten, Maoisten und Taoisten) ist sie das Symbol des Himmels.[20]

Multipliziert man die 9 mit einer anderen Zahl, kehrt sie immer zu sich selbst zurück, denn sie hat eine egozentrische Persönlichkeit. Wenn Sie andererseits die 9 zu irgendeiner Zahl addieren, kehrt das Ergebnis zu eben dieser Zahl zurück, denn die 9 kann andere Zahlen zur Entwicklung zwingen. Das zeugt von der autoritären und doch großzügigen Natur der 9.

Im alten Griechenland gab es 9 Musen: Kalliope (Dichtung), Klio (Geschichte), Melpomene (Tragödie), Euterpe (Musik), Erato (Liebe), Terpsichore (Tanz), Urania (Astronomie), Talia (Komödie) und Polyamine (Wortgewandtheit).[21] Außerdem gibt es 9 Ordnungen von Engeln: Seraphim, Cherubim, Throne, Herrschaften, Tugenden, Mächte, Fürstentümer, Erzengel und Engel. Aber auch Dämonen werden in 9 Gruppen eingeteilt: falsche Erleuchtete, Lügner, Ungerechte, Perverse, Heuchler, Geistesdämonen, Rasende, Verführer und Rächer.

---

[19] Aleister Crowley. *777 and Other Qabalistic Writings,* Buch 1, S. 43
[20] François-Xavier Chaboche. *Op. cit.* S. 154, 155
[21] *Ebenda.*

Einige alten Traditionen berichten von Zyklen der 7 und auch von Zyklen der 9. Ihnen zufolge liegen die Wendepunkte bei einem Lebensalter von 9, 18, 27, 36 Jahren und so weiter.

Außerdem ist die 9 eine sehr wichtige Zahl in der druidischen Kosmogonie.

1.3
Die Meisterzahlen

Meisterzahlen verdanken ihren Namen ihrer besonderen Schwingung und einer Symbolik, die auf spezifische Talente und metaphysische Fähigkeiten verweist. Sie bestehen aus mehreren gleichen Ziffern, was ihre Kraft verstärkt. Es sind radikale Zahl im Guten wie im Bösen. Betreten wir nun also die seltsame Welt dieser eigenartigen Zahlen.

11

Diese Zahl ist dafür berühmt, entweder erleuchtet oder verrückt zu sein, je nach Kultur und Standpunkt. Tatsächlich ist beides wahr: Die 11 ist eine Zahl des Exzesses und steht sowohl für den Erleuchteten als auch für den, der im Abgrund der Wahnvorstellungen versinkt. Empfindsam, bahnbrechend, polemisch, ironisch, arrogant, brillant, intelligent, talentiert, kreativ, furchtlos, wahnhaft, erniedrigt, distanziert ... die 11 ist unermesslich, ein echter Mikrokosmos.

Für Thelemiten ist die 11 eine sehr bedeutsame Zahl. Sie symbolisiert die Lehre, dass es außer dem Menschen keinen Gott gibt, weil Gott in allem ist, was existiert (selbst in dem, was wir böse nennen). Dies ist die Zahl der schönen Nuit, der ägyptischen Göttin des Nachthimmels. Sie hat langes Haar und einen kurvenreichen blauen Leib. Nuit ist die Tochter des Luftgottes Schu und der Feuchtigkeitsgöttin Tefnut, die Schwester und Gattin des Erdgottes Geb (Erde) und die Mutter von Osiris, Isis und Neftys. Für Crowley ist sie die Geliebte des Hadit, aber diese Behauptung stammt aus *Liber AL* und hat keine Grundlage in der ägyptischen Mythologie.

Vor allem ist die 11 eine Zahl der Freiheit, und vielleicht gilt sie deshalb in einigen christlichen Kirchen als sündhaft und abscheulich. Wegen ihrer Verbindung mit den Qlifot halten sogar manche Kabbalisten Nuit für böse.

Aber der wahre Magier spielt mit der ganzen Welt in allen ihren Aspekten und Abstufungen, denn eine Initiation ist nur möglich, wenn wir das große Ganze in uns aufnehmen. Der Initiand muss bereit sein, mit allen Geschöpfen, mit jeder Energie und mit jeder Gottheit Kontakt aufzunehmen, wenn er die materielle Welt wirklich transzendieren will. Selbst die Christuslegende erzählt, Satan habe Jesus versucht, als dieser 40 Tage in der Wüste verbrachte. Da Gott alles geschaffen hat, war er auch der

Schöpfer aller „guten" und „bösen" Wesen. Wer eins mit Gott werden will, muss Gott *werden,* das heißt, er muss sich dessen bewusst werden, dass er Gott ist, weil er ein Teil Gottes ist. Darum muss auch das Gute und Böse in ihm vollkommen ausgewogen sein. Keine Lücke ist erlaubt, und die Strafe ist das Scheitern.

Im kabbalistischen Lebensbaum kann die 11 sowohl die Qlifot (unter dem Baum) als auch Daath (die verborgene Sefira) sein. Daath ist der Abgrund, in dem der Magier sich entweder in einen Gott verwandelt oder von Choronson verschlungen wird.

Die 11 ist eine androgyne Zahl, die männliche Manifestation der weiblichen Eigenschaften – eine Hybride.

Sie ist auch der Kriegsgott, eine Ziege, der Weg der Schlange und das linkshändige Tantra.

22

Jeder aggressive und provozierende Aspekt der 11 hat seine sanftere Entsprechung in der 22, einer Zahl, die Passivität und Gewaltlosigkeit (wie bei Gandhi und den Buddhisten) symbolisiert. Dies ist eine ausgesprochen weibliche Zahl, weil sie aus zwei geraden Zahlen besteht, deren Quersumme 4 ergibt, ebenfalls eine gerade Zahl. Wir können uns die 22 übrigens als sehr stark entwickelte 4 mit großer Begabung für Organisation und Verwaltung vorstellen – nicht als eingeschränkte 4, sondern begabt mit dem spirituellen Blick großer Geister. Die 22 kann jedoch auch reaktionär sein, eine Verliererin, eine anmaßende und schwierige Persönlichkeit, ein Opfer mit geringer oder fehlender Selbstachtung. Die 11 ist klug, aber manchmal eitel; die 22 ist ebenfalls klug, doch bisweilen unsicher.

Der Tarot besteht aus 22 Großen Arkanen, und das hebräische Alphabet hat 22 Buchstaben.

Die 22 kann einen schrecklichen Tyrannen verbergen, denn sein mit Spiritualität gepaarter Größenwahn ist verwirrend. Deshalb steht diese Zahl auch für einen subtilen und großen Fehler. Das kann der Fall sein, wenn jemand sich für *den* Gott hält anstatt für *einen* Gott.

Diese Zahl symbolisiert einen starken Geist und eine alte Seele. Ein stärkeres Licht erzeugt immer einen dunkleren Schatten.

Idealistisch, romantisch, manchmal geschlechtslos. Der Gott des Friedens. Eine Taube. Der Weg des Lamms. Das rechtshändige Tantra.

33

Wenn wir weiter dieselbe endlose Treppe zur Vollkommenheit hinaufgehen, erreichen wir die 33, eine dreifache 11, die heilige Dreiheit der Meisterzahlen. Für Christen ist sie die Zahl Jesu, weil er in diesem Alter starb.

Die Wirbelsäule hat 33 Wirbel.[22]

Nirmanakaya, ein hingebungsvoller Buddhist. Spirituelle Tradition. Der Gott des Krieges und des Friedens. Der mittlere Weg.

44

Die 44 ist der konkrete Beweis für abstrakte Phänomene. Als Beispiel eignet sich das Ektoplasma (das sehr selten, und dem Verstand zufolge unmöglich ist), echte Besessenheit durch einen Gott (ebenfalls selten), alles, was aus Materie und Geist besteht, sowie die Frucht eines großen Werkes. Die 44 ist eine 11, die über alle 4 Elemente verteilt wurde.

Nach der hebräischen Gematria ist dies die Zahl des Wassermanns und somit auch des New Age, das als Zeitalter des Horus gilt (die 44 ist die heilige Zahl dieses ägyptischen Gottes).

55

Die 55 ist aggressiv, gewalttätig, frühreif, flink, wandelbar – das vergrößerte Bild der Welt, in der wir leben. Grausam, verführerisch und unsicher. Die mystische Zahl Malkuts, des Königreichs im Lebensbaum.

Das Band zwischen dem Äther und dem ersten göttlichen Funken.

66

Die 66 schwankt zwischen erhaben und abstoßend, da sie sowohl mit dem Großen Werk als auch mit den Qlifot verbunden ist.[23] Die 66 ist auch die Zahl Allahs und steht sowohl für Transzendenz als auch für Verdammnis. Das Licht nimmt zu, und darum wächst auch die Finsternis. Wir können uns die 66 als stärkere 6 vorstellen, die durch das besondere Opfer der 12 zur Gefangenen werden kann – ein Vorgang, der sich in der 13 vollendet.

---

[22] W. Wynn Westcott, *Op. cit.*, S. 90

[23] Aleister Crowley, *777 and Other Qabalistic Writings, Op. cit.*, Buch 3, S. 10

77

Die Verdichtung eines starken Geistes kann einen gefährlichen Sophisten hervorbringen, aber auch einen berühmten Philosophen. Die 77 ist die Zahl, in der das magische Bewusstsein der 11 von den Zyklen der 7 zerstreut wird. Es ist die Zahl der Layla, der Großen Nacht, des Großen Nichts und des Gottes in der anderen Welt.

Wir können die 77 als Essenz der 11, verteilt durch die 7 Sinne, beschreiben, dürfen dabei aber nicht vergessen, dass sie nicht nur Schönheit, sondern auch Hässlichkeit verstärkt. Wer nicht ausreichend geerdet ist und immer noch zwischen schön und hässlich unterscheidet, empfindet die spirituellen Höhen der 77 möglicherweise als beängstigend.

88

Der blinde Ehrgeiz der Menschheit. Eine schwere Zahl. Die 88 bestärkt den Materialismus der 8 und zerstört Materie – dies ist ihr eigentliches Wesen.

Manche falschen Religionen, die ihren Anhängern viel Geld abnehmen, arbeiten unter der Schirmherrschaft der 88.

99

Wenn das Licht unerträglich wird und wir uns wie blind vorkommen, ist es Zeit, ein neues Sinnesorgan zu erschaffen, zu finden oder zu erwerben, um den Blickwinkel zu ändern. Darum „sehen" Blinde mit der Nase, der Zunge, den Fingern und den Ohren. Die 99 gleicht einem starken Licht, das uns in gewisser Weise blendet, aber zugleich andere Sinne schärft.

Die Grenze vor den dreistelligen Zahlen.

1.4 Dreistellige Zahlen

Meisterzahlen sind die doppelte Manifestation derselben Zahl, und die 1 ist der Ur-Archetypus. Der erste Protagonist dieser Evolution ist die 11. Wenn die 1 sich selbst überschreitet, wird sie zur 11, zum Doppelgipfel einer metaphysischen Kraft. Außerdem gebiert die 11 die anderen Meisterzahlen von der 22 bis zur 99.

Die ursprüngliche, einheitliche Kraft der 1 entfaltete sich ebenso in Doppelverbindungen von 10 bis 99. Danach ist Wachstum nur noch möglich, wenn drei Ziffern sich zu einer Zahl verbinden.

Dreistellige Zahlen fließen im Dreieck und sind daher äußerlicher als die Meisterzahlen, deren kreisförmige Bewegungen typisch für verborgene Energie sind. Das Dreieck wiederum ist ein Symbol der Kommunikation.

111

AChd HWA ALHIM, „Er ist *ein* Gott". Der Sonnenengel. Kether. Die Festigung des Ichs. Eine faszinierende Persönlichkeit.

222

Die Persönlichkeit verschwindet.

333

Die 333 neigt zu Auflösung, Lüge und Verwirrung. Zu viel Gerede und zu wenig Beständigkeit. Die Zahl des Choronson, des Dämons im Abgrund,[24] der die Antithese zur Magick symbolisiert.

444

Die Heiligkeit, die der Magier erreicht, nachdem er den Abgrund durchquert hat. Verwandt mit der 12, mit dem Opfer und mit dem Tierkreis. Ein Symbol verschiedener Lebensweisen.

---

[24] *Ebenda*, Buch 1, S. 32

555

Unklarheit. Eine Explosion erzeugt starkes Licht und lässt ein dunkles Vakuum zurück. Die 5 ist eine flammende Zahl, und wenn wir sie mit 3 multiplizieren, erhalten wir 15, eine Zahl der Lust, gefolgt von der stillen 6. Die Explosion der Sonne und des Mars. Die unendlich kleine Materie: Hadit.

666

Diese Zahl, die von den Christen verleumdet wurde, ist in Wahrheit die Zahl der Sonne, ein Symbol des höchsten Lichts. Gewiss, dieses Licht kann seinen Schatten anlocken, doch dies ist ein universelles Gesetz, auch und besonders für Christen, weil es an die Gleichung Erleuchtung = Leiden erinnert.

Helena Blavatsky hielt die 666 für eine sehr gute Zahl. Eine Zeitschrift, die nur für die höheren Ränge der theosophischen Gesellschaft bestimmt war, hieß *Lucifer,* was Lux-Ferre (das erste Licht vor der Morgendämmerung) bedeutet.

Die Zahl des Biestes. Die Zahl des Menschen. Mit mehreren Gottheiten und Menschen verbunden, zum Beispiel mit Satan, dem Papst, Mohammed, Hitler, Nero, Jesus, Napoleon und Crowley.

Die blinde Kraft der Sonne. Die Sonne ist, wie der Pharao Echnaton angeblich wusste, das Zentrum unseres Planetensystems, die Spenderin des Lebens und der Brennpunkt der Existenz, so wie wir sie kennen. Die Sonne ist ein Symbol des Lebens (das offensichtlich ein Weg zum Tod ist), und darum ist es ein echtes Sakrileg, sie zu verfluchen. Sie ist auch das Feuer, das Element des Geistes.

Seltsamerweise erhalten wir 18, wenn wir 6 + 6 + 6 addieren. Dies ist die Zahl des Mondes in den großen Arkanen des Tarots. Der Mond ist das Gegenstück der Sonne, was die Theorie bestätigt, dass Licht und Schatten zusammengehören.

Diese Zahl zu fürchten heißt, das Licht zu fürchten und vor allem den Schatten, den es erzeugt.

777

Diese Zahl entspricht dem flammenden Schwert, das der Kabbala zufolge Adam und Eva aus dem Garten Eden vertrieb. Überwältigende Weisheit, unerträglich für jene, die ihren Geist nicht vollständig im Griff haben.

Die Quersumme ergibt 21, eine Zahl der Fülle und Vollkommenheit.

888

Die griechische Kabbala lehrt, dass dies die Zahl Jesu, des Erlösers, ist.[25] Ihre Quersumme ergibt 24, eine Zahl des Leidens und der Reue. Aber die 888 ist nur ein Weg zur 6, dem spirituellen Zentrum des Lebensbaumes.

999

Die Domäne der dreidimensionalen Welt. Die Ekstase des Sieges.

---

[25] W. Wynn Westcott, *Op. Cit.*, S. 97

Teil 2

Vertiefen Sie Ihr Wissen

Alle Dinge sind Emanationen; das heißt, Ihr Ursprung liegt in anderen materiellen Dingen, und irgendwann bringen sie etwas anderes hervor. Ein Beispiel dafür ist die Sprache: Sie hat nicht die Aufgabe zu sein, sondern etwas zu symbolisieren. Worte übermitteln dem Geist eine Vorstellung von der Materie, nicht die Materie selbst.

Die Zahl ist der Spiegel der Essenz, die unsichtbare – aber wahrnehmbare – Reflektion des Geistes und der Seele. Das Numerogramm, das wir in diesem Buch studieren werden, ist also das Foto unseres inneren Universums.

Es gibt mehrere parallele, alternative Welten. Anfangs können wir von zwei Welten ausgehen: von der physischen und der metaphysischen. In der physischen Welt finden wir Tiere, Pflanzen, Mineralien, Sterne, Städte – greifbare Wesen und Dinge, alles, wodurch wir die Existenz auf unterschiedliche Weise mit Sinnen erfassen können. Manche Dinge können wir (noch) nicht objektiv beweisen; aber wir alle sind sicher, dass sie existieren: Gedanken, Ideen, Gefühle, Träume und manche Arten der Wahrnehmung.

Zahlen bewohnen sowohl die physische als auch die metaphysische Welt. Menschen verwenden sie, um vernünftige und materielle Tatsachen zu beweisen. Gleichzeitig sind Zahlen die Wurzel jeder Religion und Philosophie. In der physischen Welt ist eine Zahl ein Werkzeug, mit dem wir organisieren und zählen. In der metaphysischen Welt sind Zahlen Überbringer von Ideen und Energien. Der primitive Mensch wusste, dass es außer ihm noch andere Menschen gab, und das war der Beginn der Idee „Vielheit". In unserer Zeit nutzen wir immer noch die endlosen Möglichkeiten des Wissens, die diese grundlegende Erkenntnis eröffnet.

Wenn wir parallele, alternative Welten in Betracht ziehen, die im unendlichen Raum gemeinsam existieren, fällt uns auf, dass das Sonnensystem und die Zelle die gleiche Struktur haben und dadurch bestätigen, dass alle Dinge zusammenhängen. Die Sonne ist ein Energiezentrum, das die Planeten umkreisen und dem sie ihre Energie verdanken. Ebenso ist der Zellkern der zentrale Teil fast aller Zellen in lebenden Organismen. In der Welt der Zahlen ist die 1 der Archetypus der Mitte, so wie die Sonne und der Zellkern, denn die 1 ist der Anfang von allem. Hinter der 1 ist die 0, so wie schwarze Löcher das Gegenstück der Sonne sind. Vor der ersten menschlichen Existenz in einem Körper aus Zellen gab es nichts, und dieses Nichts war die Präexistenz.

Darum hat jedes System seine eigene 1. Wir können die Energie der Zentralisierung als 1, Sonne, Zellkern oder etwas anderes bezeichnen. Wichtig ist nur, dass das gleiche Prinzip für die anderen Zahlen gilt: Immer übernimmt etwas oder jemand die Rolle des Zweiten (und des Dritten usw.).

Die erste Große Arkane des Tarots ist der Magus, und in den Kleinen Arkanen finden wir Asse. Das I Ging hat Khen, im Lebensbaum kommt Kether zuerst und so weiter. Dieser Gedanke ist die Basis der Beziehung zwischen Zahlen und Astrologie, die ich entwickelt habe (siehe Teil 5).

Bis zur 9 haben wir einstellige Zahlen mit ihren grundlegenden und elementaren Eigenschaften. Die 10 ist schon eine Kombination aus 1 und 0; darum bezeichnen wir sie und alle folgenden Zahlen als zusammengesetzte Zahlen. Die Meisterzahlen 11 und 22 sind Ausnahmen, weil sie nicht reduzierbar sind. Sie sind die höheren Emanationen, die inkarnierte Menschen hervorbringen können. Von der 33 an betrachten wir die Meisterzahlen als Einflüsse auf die einstelligen Zahlen und als zusammengesetzte Zahlen. Die einstelligen Zahlen sowie die 11 und die 22 sind Persönlichkeiten, und die zusammengesetzten Zahlen sind Aspekte dieser fundamentalen Persönlichkeiten. Siddharta Gautama sagte angeblich, Materie (Körper und Geist) bedeute immer in gewissem Umfang Verfall, selbst bei einem

Buddha. Die Emanationen der 33 gelten als eine Form der 6, so wie 24, 15 und 60. Die 11 und die 22 sind dagegen unabhängige Persönlichkeiten, also keine Form der 2 oder 4.

Es gibt 11 Hauptgruppen von Menschen und in jeder Gruppe Untergruppen. 1 ist der Führer, 2 der Nachfolger, 3 der Schöpfer, 4 der harte Arbeiter, 5 das Element des Wandels, 6 der Harmonisierende, 7 der Philosoph, 8 der Materialist, 9 der Internationalist, 11 der Zauberer und 22 der Yogi.

Jede dieser archetypischen Zahlen enthält unendlich viele Submuster, die in unterschiedlichen Kombinationen die Einzigartigkeit jedes Menschen ausmachen. Nicht einmal Zwillinge sind völlig identisch. Ebenso gibt es unendlich viele Möglichkeiten, Zahlen so zu kombinieren, dass eine einstellige Zahl entsteht. Die 3 kann beispielsweise von 12, 21, 30, 300, 417, 34572 und so weiter kommen.

2.1
Das Gesetz des Dreiecks

Das Gesetz des Dreiecks erklärt, was Einheit und Zweiheit sind und was sie hervorbringen. Für Kenner der Esoterik, vor allem für Rosenkreuzer, ist es ein vertrauter Begriff.

Das Gesetz besagt, dass alles einen positiven, einen negativen und infolgedessen auch einen mittleren Aspekt hat: das Ergebnis, das Produkt, der Sohn.

Abbildung A zeigt, dass die linke Seite des Dreiecks yang und männlich ist. Die rechte Seite ist yin und weiblich, die dritte ist nur das Ergebnis der Kombination dieser beiden Elemente.

ABBILDUNG A

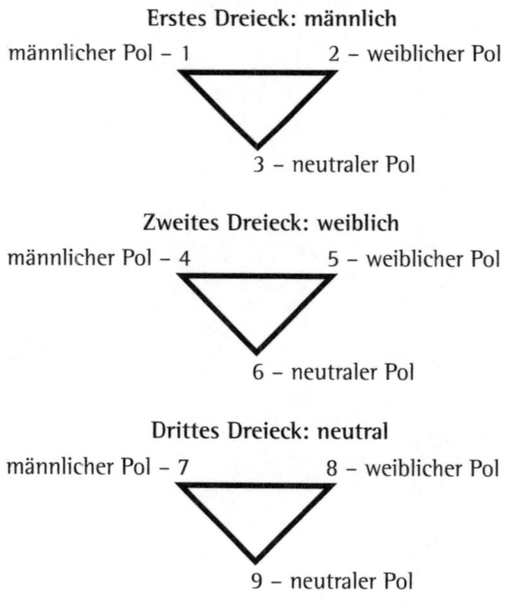

Das erste Dreieck in Abbildung A zeigt sehr deutlich, dass die 1 der männliche, die 2 der weibliche und die 3 der neutrale Pol ist.

Das zweite Dreieck enthält die Zahlen, die den Riss in der ursprünglichen Dreiheit flicken: Die 4 ist eine weibliche Zahl auf der männlichen Position; also ist dies das erste weibliche Dreieck. Die 5 ist eine männliche

Zahl auf der weiblichen Position und vermischt Eigenschaften beider Pole, zum Beispiel Sinnlichkeit (yin) und Aufsässigkeit (yang). Die 6 ist eine weibliche Zahl auf dem neutralen Punkt und unterstreicht den versöhnlichen Aspekt dieser Zahl.

Alle Zahlen im ersten Dreieck sind insofern yang, als sie die erste Dreiheit bilden. Darum sind die Zahlen im zweiten Dreieck yin. Das dritte Dreieck ist neutral. Die Zahl 7 symbolisiert die männlichen Kräfte des Geistes; sie ist als Zahl und als Position yang. Die 8 ist doppelt yin in einem neutralen Dreieck, und die 9 ist zu zwei Teilen neutral und zu einem Teil männlich, weil sie eine ungerade Zahl in der neutralen Position des neutralen Dreiecks ist. Keine Zahl außer der 0 kann ganz neutral sein; jede Zahl neigt einem Pol zu.

Diese Kette kann sich endlos fortsetzen, und die einzelnen Kombinationen enthüllen die Bildung der Zahlen. Einen winzigen Ausschnitt aus dieser Kette zeigt Abbildung B, damit Sie über die Bildung der Zahlen meditieren können.

ABBILDUNG B

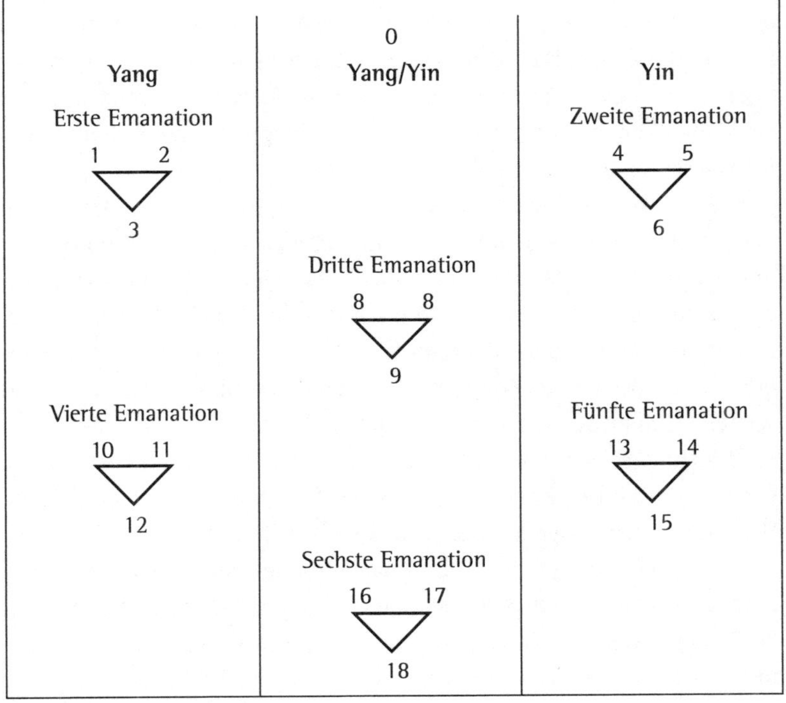

2.2 Die Elemente und das Gesetz des Vierecks

Nun wissen wir einiges über die Rolle der 2 und der 3 bei der Bildung der Zahlen. Wie aber geht aus dem Dreieck das Viereck hervor? Wenn Sie Zahlen in Vierergruppen anordnen, entsprechen ihre Eigenschaften der korrekten Hierarchie: Feuer, Wasser, Luft und Erde.

Feuer ist das Element des Geistes und mit Magick und alchemistischer Läuterung verbunden. Es ist auch ein Symbol der Stärke und der Kriegslust; es misst die Macht der Länder auf unserer Welt. Ein Stab. Feuer entspricht unserem Zeitalter, dem neuen Äon, und neuheidnischen Phänomenen.

Wasser ist wellig, entspannend, formbar, weich – aber es kann auch enorme Kraft ausüben, und insofern ist es ebenso zweideutig wie das Feuer, das sowohl Krieg als auch Licht symbolisiert. Wasser entspricht dem Zeitalter der Fische, der passiven Religiosität, dem Opferlamm. Ein Kelch.

Die Luft ist das Element der Ideen, des Geistes, des Denkens und der Philosophie. Religionen und Philosophien, deren Ursprung die Lehren der großen griechischen (Pythagoras), ägyptischen (Thot) und chinesischen (Laotse) Denker ist. Die heidnische Zeit. Die wissenschaftlichen Erkenntnisse dieser Zeit waren in der Bibliothek zu Alexandria enthalten, und ein kleiner Teil dieser Schriften soll sich in einer geheimen Abteilung des vatikanischen Archivs befinden.

Die Erde ist das Element der Materie, der Organisation und der Tat. Sie entspricht dem physischen Körper und materiellen Dingen. Die primitive Ära, der Anfang der Menschheit, ist das Zeitalter der Erde. Damals war Religion nur ein Instinkt, und die Menschen waren lediglich schlaue Tiere.

Betrachten wir nun Abbildung C, S. 51. Dort symbolisiert jedes Element einen Bereich der Natur. Wir können die Struktur einer Zahl leicht verstehen, wenn wir ihre drei Elemente analysieren.

Das Quadrat des Feuers beschreibt den Weg von der 1 bis zur 16, der früher als Pfad der Materie von der Schöpfung bis zur Vernichtung galt. Hier geht es um unseren Platz zwischen Geist und Materie. Das Wasser-Quadrat reicht von 17 bis 32 und handelt vom Fluch der Gefühle. Das Luft-Quadrat reicht von 33 bis 48 und ist das Quadrat des Verstandes und des Nachdenkens. Das Quadrat der Erde ist rauer als die anderen und führt uns von 49 bis 64 – eine sehr grobe und konkrete Zahlenfolge.

Zwischen 4 und 1 besteht eine besondere Verbindung: 1 + 2 + 3 + 4 = 10, und 4 x 4 x 4 = 64 = 6 + 4 = 10. Die 64 kehrt also zur 1 zurück.

3 x 4 zeigt die Manifestation des Dreiecks im Quadrat, während 4 x 4 x 4 x 4 = 256 und 2 + 5 + 6 = 13 ist – das Ende eines Zyklus und der Beginn eines neuen.

Analysieren wir nun die Zahlen der ersten 16 Quadrate, also die Zahlen von 1 bis 64. Beachten Sie, dass die Reihenfolge der Elemente bedeutsam ist. 2 (Feuer2, Wasser) ist nicht genau dasselbe wie 5 (Feuer, Wasser, Feuer).[26]

1 **(Feuer3)** – Ur-Energie. Primitiv und doch komplex, denn die 1 ist der Ursprung aller folgenden Zahlen.

2 **(Feuer2, Wasser)** – Stärkere Gefühle. Absorbierendes und warmes Wasser. Heiße Milch, Lava. Feindliche Energie.

3 **(Feuer2, Luft)** – Das Ergebnis, wenn Wasser in der Luft verdampft. Der aufsteigende Rauch spiegelt den Aufstieg der Seele wider, die von der Knechtschaft des Geistes befreit ist. Die Seele ist die Herrin des Verstandes, nicht umgekehrt.

4 **(Feuer, Feuer, Erde)** Die Erkenntnis, lebendig zu sein. Der lebendige Geist in einem Körper. Sich langsam bewegende Materie. Ein einfacher Mechanismus mit durchschaubarer Funktion. Die spirituelle Woge, die für doppeltes Wachstum des Lebens im Boden sorgt.

5 **(Feuer, Wasser, Feuer)** – Empfindsame Wahrnehmung und aggressives Verhalten. Zwei Feuer erzeugen eine heiße Wolke im mittleren Wasser; darum ist die 5 die kochende Zahl extremer Situationen und Menschen. Überschwang und Eitelkeit bringen Freude, aber auch ängstliches Suchen.

6 **(Feuer, Wasser, Wasser)** – Nun löscht das Wasser das Feuer. Symbol der Diplomatie. Die 6 beruhigt aufgeregte Leute und bringt Vernunft in heikle Situationen.

---

[26] Um zu verstehen, woher ich die Elemente jeder Zahl nehme, brauchen Sie nur die Situation der Zahlen zu untersuchen. Beispiel: Die 44 (Luft2, Erde) ist einmal Luft, weil sie sich in einem Luft-Quadrat befindet, und noch einmal Luft, weil sie sich in einer Reihe von 4 Luft-Quadraten befindet. Erde ist sie wegen ihrer Position – hier ist es die vierte, also das Erd-Quadrat.

7 **(Feuer, Wasser, Luft)** – Dampf, Rauch, Denken, Weihrauch, Meditation, Studium. Die 7 ist der restliche Impuls des Feuers, das vom Wasser gelöscht oder umgeleitet und in Luft/Gedanken verwandelt wurde.

8 **(Feuer, Wasser, Erde)** – Erfolgreich, spirituell, geerdet, gleichmäßig begabt und dennoch irgendwie dumm, da die 8 die Elemente des Geistes, der Gefühle und der Materie enthält, aber keine Intelligenz (Luft). Dieses Manko wird jedoch ausgeglichen durch Organisationstalent und Entschlossenheit, die Starrheit in Macht umwandeln.

9 **(Feuer, Luft, Feuer)** – Eine Zahl voller Geist und Denkvermögen – das erklärt ihr Einfühlungsvermögen. Ihr fehlen jedoch echte Gefühle und praktisches Handeln. Darum ist die 9 immer um andere besorgt, versteht aber nur den eigenen Standpunkt.

10 **(Feuer, Luft, Wasser)** – Feuer und Luft erzeugen Wasser; sie lassen uns an einen Wolkenbruch an einem Sommertag denken.

11 **(Feuer, Luft, Luft)** – Der Geist des Feuers wird wiederbelebt und verdoppelt die Kraft des Denkens (zweimal Luft). Dies ist eine sehr männliche Zahl, trotz ihrer Androgynie. Sie beschäftigt sich oft nur mit abstraktem Denken und Kunst und ist bisweilen zu kalt oder unnahbar.

12 **(Feuer, Luft, Erde)** – Keine Gefühle. Glaube und Logik sind vorhanden, aber ohne Gefühle kann die Intuition blockiert sein.

13 **(Feuer, Erde, Feuer)** – Der Geist wandelt die Materie um. Das schwarze Werk. Die magnetische Asche.

14 **(Feuer, Erde, Wasser)** – Kein Gedanke und doch tiefe Konzentration. Die 14 absorbiert und erzeugt eine fast vollkommene Materie, die sie schließlich auflöst.

15 **(Feuer, Erde, Luft)** – Impuls, Materialisierung. Mehr Instinkt als Gefühl. Oberflächlich. Ein heißer Windstoß, ein warmer Atem, große Freude oder großer Schrecken.

16 **(Feuer, Erde, Erde)** – Trockenheit, Erosion. Rauheit, Gewalt, Explosion. Die kahle Wüste oder die Ruinen des Königreichs.

17 **(Wasser, Feuer, Feuer)** – Ein Vulkan, der Lava aus dem Meeresboden ausstößt. Hohe Spiritualität in Form von Sinnlichkeit. Wenig Bestän-

digkeit, aber große Chancen auf Wachstum und Expansion, sofern wir nicht eingebildet sind.

18 (Wasser, Feuer, Wasser) – Das gleiche Gefühl wie bei der 17 gerät außer Kontrolle, denn die 18 beginnt und endet in Gefühlen. Eine blinde Suche nach Lust.

19 (Wasser, Feuer, Luft) – Heiße Gefühle infizieren den Verstand. Die Folge kann ein Wunder oder ein Ungeheuer sein. Aber der 19 ist das Grandiose wichtig.

ABBILDUNG C

Quadrate des Feuers - 1

Feuer	Wasser	Luft	Erde
1 2	5 6	9 10	13 14
3 4	7 8	11 12	15 16

Quadrate des Wassers - 2

Feuer	Wasser	Luft	Erde
17 18	21 22	25 26	29 30
19 20	23 24	27 28	31 32

Quadrate der Luft - 3

Feuer	Wasser	Luft	Erde
33 34	37 38	41 42	45 46
35 36	39 40	43 44	47 48

Quadrate der Erde - 4

Feuer	Wasser	Luft	Erde
49 50	53 54	57 58	61 62
51 52	55 56	59 60	63 64

20 (Wasser, Feuer, Erde) – Wie ein Vulkan, der einmal in 100 Jahren erwacht, grollt und das Tal mit Lava füllt. Die Zahl des Wechsels einer Ära.

21 (Wasser, Wasser, Feuer) – Höhen und Tiefen. Das fließende Wasser bringt das Gefühl zurück zum Geist. Ehrlichkeit, Integrität, Transparenz.

22 (Wasser, Wasser, Wasser) – Totales Verleugnen des Ichs. Hingabe. Der gefährliche Weg der guten Taten und der Erlösung kann zum Selbstopfer werden. Das Urmeer.

23 (Wasser, Wasser, Luft) – Kreativität erwächst aus verwirrenden und vielfältigen Erfahrungen. Eine Theorie, die auf Praxis und Tests basiert.

24 (Wasser, Wasser, Erde) – Extreme Passivität, kein männliches Element. Das zweifache Wasser verunreinigt den Boden mit zu viel Gefühlen und verursacht dadurch eine geistige Überflutung.

25 (Wasser, Luft, Feuer) – Freundlichkeit, Redegewandtheit, tiefe Gedanken. Brillant in der Theorie, aber Zweckdienlichkeit und praktische Umsetzung fehlen. Die 25 braucht sowohl Einsamkeit als auch Gesellschaft.

26 (Wasser, Luft, Wasser) – Gefühle beherrschen den Verstand, darum begreift dieser das Verlangen. Es fehlen jedoch Festigkeit und Selbstbehauptung, und darum ist es schwer, mit dieser Selbsterkenntnis zurecht zu kommen. Die Folge ist Besessenheit: Wir kennen unsere Laster, fühlen uns schuldig und versuchen, sie zu verbergen, anstatt sie zu analysieren, wie ein Mensch mit Willenskraft es tun würde.

27 (Wasser, Luft, Luft) – Schnelle Kommunikation, weder praktisch noch tief, aber das perfekte Medium für Materie und Botschaften. Ein Leiter (im physikalischen Sinne).

28 (Wasser, Luft, Erde) – Liebe, Ausdruck, Assimilation, aber ohne Originalität und Individualität, die nur der Feuer-Geist bringt.

29 (Wasser, Erde, Feuer) – Kommunikation zwischen den höheren und tieferen Ebenen. Kein vernünftiges Denken, nur Gefühle, Handeln und Instinkt. Ein Fluss.

30 (Wasser, Erde, Wasser) – Traditionell mit Tieren wie Schildkröte und Seelöwe assoziiert, also mit Tieren, die aus dem Wasser auf die Erde steigen, dann aber ins Wasser zurückkehren, wo sie hingehören. Auch mit dem Krokodil verbunden, das sowohl im Wasser als auch auf der Erde lebt und einen mystischen Aspekt hat, weil es zu meditieren scheint, wenn es sich am Ufer ausruht.

31 (Wasser, Erde, Luft) – Die Erde absorbiert Wasser, dann wird sie trocken. Man denke an einen Fluss, der zum Sumpf wird und dann im Treibsand verschwindet. Die Zahl des Gesetzes des neuen Äons. Hier ist kein Feuer, und darum ist die 31 die Zahl des spirituellen Gesetzes im „nicht-spirituellen" Zeitalter (Kali-yuga).

32 (Wasser, Erde, Erde) – Reinheit, Natürlichkeit, Bewegung, Leidenschaft, Verlangen. Eine Zahl der Transzendenz, Ekstase und Schönheit. Die vollkommenste der „menschlichen" Zahlen. Das bedeutet keine echte Perfektion, weil Materie das nicht erlaubt – es muss Fehler geben, damit wir das Richtige erkennen.

33 (Luft, Feuer, Feuer) – Ein entflammter Intellekt. Erneute Verbindung, Religion (von *religare* = „wieder verbinden"). Religion im radikalen Sinne, was Segen oder Fluch bedeuten kann.

34 (Luft, Feuer, Wasser) – Eine kühne, formbare Idee. Der Geist und die Gefühle bewirken, dass die Essenz des Denkens wächst und sich ausbreitet. Eine Idee wird zu Geist und dann zu Gefühl.

35 (Luft, Feuer, Luft) – Ein Gedanke kehrt sich um und ernährt sich von seiner eigenen Essenz. Das Studium der Seele. Ein Psychologe. Ein Egoist. Selbstbefriedigung im wörtlichen und im übertragenen Sinne.

36 (Luft, Feuer, Erde) – Einfühlungsvermögen, Menschlichkeit, Hingabe, eine Einstellung, die andere beeinflusst. Folgen. Ideen und Ideale werden wahr. Endet meist in Trockenheit und Distanz.

37 (Luft, Wasser, Feuer) – Rückkehr zum Göttlichen, zur Abstraktion und Ganzheit, aber nur in Gedanken, nicht wirklich; denn die 37 endet im Feuer und ist daher eine begriffliche, aber irgendwie ungreifbare Zahl.

38 (Luft, Wasser, Wasser) – Diese Zahl erinnert an jemanden, der Wasser festhält (in den Lungen oder in einem Gefäß), um in die Tiefe einer verborgenen Höhle mitten im Meer der Gefühle zu tauchen.

39 (Luft, Wasser, Luft) – Diese Zahl gleicht einem Wasserwirbel, verursacht vom schnellen Wind. Außerdem steht sie für einen zerstörerischen Wirbelwind. Es ist eine nützliche Zahl, aber eine heikle, denn man könnte ihre Intelligenz mit spiritueller Entwicklung und ihren unsteten Charakter mit Flexibilität verwechseln – ein gefährlicher Irrtum.

40 (Luft, Wasser, Erde) – Eine Idee wird von der Wahrnehmung und von unabänderlichen materiellen Bedingungen geformt. Alles Abstrakte nimmt Form an. Die Intelligenz der unbelebten Materie. Eine Maschine, ein Computer. Der *Homunculus.**

41 (Luft, Luft, Feuer) – Doppelte Inspiration führt zur Erleuchtung und zur transzendenten Ekstase. Eine heftige Transformation. Es kann schwierig sein, ohne das Element Erde eine Idee zu verwirklichen. Der Mangel an Wasser ist ebenfalls problematisch, weil das Einfühlungsvermögen fehlt. Ein guter Schriftsteller, ein vorzüglicher Theoretiker, aber ein schlechter Praktiker.

42 (Luft, Luft, Wasser) – Ein Unwetter. Bewegte Gefühle, der Vernunft unzugänglich. Meist eine tragische Zahl, Verlust der Selbstbeherrschung. Das Gehirn wird von seinem Chaos überwältigt.

43 (Luft, Luft, Luft) – Der kalte Wind. Die Unsterblichkeit des Gedankens. Ein Stück Eis.

44 (Luft, Luft, Erde) – Die Schöpfung der Welt, so wie wir sie kennen. Die in der Materie verborgene Intelligenz. Die spontane Schöpfung. Schnee. Leben kann selbst unter den schlimmsten Bedingungen blühen. Ein begabter, kaltblütiger Mensch.

45 (Luft, Erde, Feuer) – Das Wort wird zu Materie und wird vom Feuer geheiligt. Das Werk eines großen Geistes (Luft) wird veröffentlicht (Erde) und beeinflusst oder reflektiert das gewöhnliche Denken.

46 (Luft, Erde, Wasser) – Hier ist das Denken geschwächt und begrenzt und löst sich schließlich auf. Auflösung konkreter Materie.

---

* Paracelsus glaubte, er habe aus menschlichem Genmaterial einen *Homunculus* geschaffen. Das war ein kleiner, meist böser Mann, der versuchte, Gott zu sein oder das Göttliche und die ursprüngliche Schöpfung zu verbessern. Er war also nichts anderes als der Urahn des modernen Klons oder der erste wissenschaftliche Versuch, einen Menschen im Labor zu erschaffen.

47 (Luft, Erde, Luft) – Diese Zahl ist komplex, edel und intellektuell. Sie symbolisiert eine kalte, unpersönliche Energie, die allerdings sehr kompetent ist. Sie enthält die Idee und deren Verwirklichung. Luft und Erde sind das niedrigere Paar (Feuer und Wasser sind das höhere), und die Luft regiert die Erde – das ist der „richtige“ Weg, so soll es sein, weil die Erde mittelmäßig ist und Intelligenz (von der Luft gespendet) braucht, die sie lenkt. Vergessen wir aber nicht, dass die Intelligenz des Elements Luft ohne Manifestation (Erde) nichts bedeutet.

48 (Luft, Erde, Erde) – Einschränkungen und Dogmen – nicht Erfahrung – vereinfachen die Probleme des Lebens. Einschränkungen unterdrücken das Denken.

49 (Erde, Feuer, Feuer) – Jihad, der „heilige Krieg“. Gewaltsame Transformation. Der Geist nimmt von der Materie Besitz. Eisen. Brennende Materie. Entweder ein Hitzestrom oder eine Entzündung.

50 (Erde, Feuer, Wasser) – Materie verwandelt sich in Empfindung, was auf scharfe Sinne hindeutet. Die Verfeinerung der Gefühle erleichtert die Entwicklung der Subtilität erheblich.

51 (Erde, Feuer, Luft) – Das Bild eines erloschenen Vulkans, der keine Lava mehr ausspuckt, nur noch etwas Rauch. Auflösung der Materie.

52 (Erde, Feuer, Erde) – Arbeit, Idealismus, Ergebnisse. Das Resultat der großen Anstrengung eines begrenzten Gehirns, das sich weiterentwickeln will. Die Inspiration, die sich ohne Logik einstellt und dennoch Erfolg hat – obwohl die Vernunft nichts verstehen kann.

53 (Erde, Wasser, Feuer) – Erde und Wasser erzeugen Feuer. Kochendes Wasser. Die 53 symbolisiert einen ausgeklügelten Umgang mit materieller Verantwortung und mit den Freuden des Lebens.

54 (Erde, Wasser, Wasser) – Festes wird flüssig, Hindernisse werden klein, das Fundament und der Grund lösen sich auf. Man könnte die 54 für eine schwache Zahl halten, weil sie die Füße nicht fest auf dem Boden hat; doch einer ihrer Vorzüge ist eine gewisse Schläue, denn sie ist flüssig und kann sich fast allem anpassen. Entspannung.

55 (Erde, Wasser, Luft) – Die Zahl der Bewegung. Es gibt kein Ziel außer dem Wandel und der Transformation. Eine einzigartige Energie. Ein mächtiges Pentagramm.

56 **(Erde, Wasser, Erde)** – Wohlstand. Frühling, die Erntezeit, die Erde, die der Vegetation Feuchtigkeit spendet.

57 **(Erde, Luft, Feuer)** – Die Schöpfung, die Verwirklichung einer Idee. Ein Gedanke wird zur Materie.

58 **(Erde, Luft, Wasser)** – Eine gute Zahl für die Fortpflanzung. Man denke an ein Feld, das dem Wind und dem Regen ausgesetzt ist. Das kann erschreckend sein, aber dadurch wird der Boden feucht, so dass Pflanzen wachsen können, die ihrerseits Tiere ernähren.

59 **(Erde, Luft, Luft)** – Verdichtete Materie wird zur Abstraktion anstatt zum Fundament. Der Geist verdichtet sich im Körper, bis er beginnt, vom Körper wegzufliegen. Pranayama.

60 **(Erde, Luft, Erde)** – Materie steigt auf, wird zum Gedanken und dann wieder zur Materie. Solche Gedanken ordnen sich der Bequemlichkeit der Materie unter. Das mag für die Diplomatie reichen, aber es macht dumm, weil Luft klüger ist als Erde.

61 **(Erde, Erde, Feuer)** – Wird die Erde durch Feuer transformiert (man könnte auch sagen gereinigt), wird sie irgendwie zerstört. Darum wird diese Zahl mit Krieg und Streit verbunden.

62 **(Erde, Erde, Wasser)** – In gewissem Sinne ist dies eine Zahl der Ernte, denn die Erde braucht Wasser. Die Menge des Wassers und seine Position als drittes Element symbolisieren sanften Regen, keine Flut. Allerdings sind die Elemente und die Zahlen ganz yin, also zerbrechlich.

63 **(Erde, Erde, Luft)** – Sobald die Sinne verfeinert sind, durchschauen wir die Falschheit eines unreifen Geistes, der Weisheit vortäuscht. Erst dann können wir einige einfache Dinge wahrnehmen, die wir anfangs nie beachten würden, weil sie so einfach sind, dass wir glauben, sie sofort zu verstehen. Doch nach einer langen Wegstrecke verstehen wir, dass manche unkomplizierten Dinge wichtige Mysterien verbergen.

64 **(Erde, Erde, Erde)** – Die letzte Manifestation, das Ende eines Zyklus. Die Rückkehr zur ursprünglichen Einheit nach einer langen Lebensreise. Aus Schöpfung wird Zerstörung, aus Zerstörung wird Schöpfung. Die 64 ist unbeweglich, weil sie alle ihre Aufgaben erfüllt hat. Sie verkündet den Beginn eines neuen Lebenskrieges (nicht nur einer Schlacht).

Sie können die Zahlenquadrate auch verwenden, um vierstellige Zahlen zu analysieren, zum Beispiel 1999:

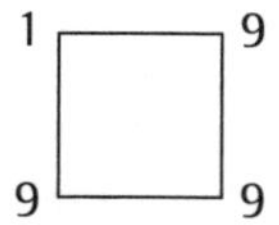

Die 1, die Zahl des Ur-Feuers, befand sich während des gesamten 20. Jahrhunderts in ihrer natürlichen Wohnung. Dann folgt die 9, eine weitere flammende Zahl, aber in einer Wasserposition, was den flammenden Charakter dieses Jahrhunderts unterstreicht. Als ob das noch nicht genug wäre, vervollständigt ein Neunerpaar diese Jahreszahl: eine Neun auf dem Platz der Luft (ein Hinweis auf einen entzündeten Geist) und eine auf dem „Boden“ (radikale Transformation). Das ist leicht zu verstehen, denn die enormen Erwartungen vor der Jahrtausendwende haben uns für andere Schwingungen empfänglich gemacht.

2.3
Fünfstellige Zahlen

Fünfstellige Zahlen symbolisieren den menschlichen Körper und – wie das kleine Ritual des Pentagramms zeigt, die Magie und die Magick. Wenn wir Zahlen als Elemente analysieren und den Äther als fünftes Element hinzufügen, bekommen wir weitere Auskünfte über die Persönlichkeit der Zahlen. Das verdeutlicht Abbildung D:

ABBILDUNG D

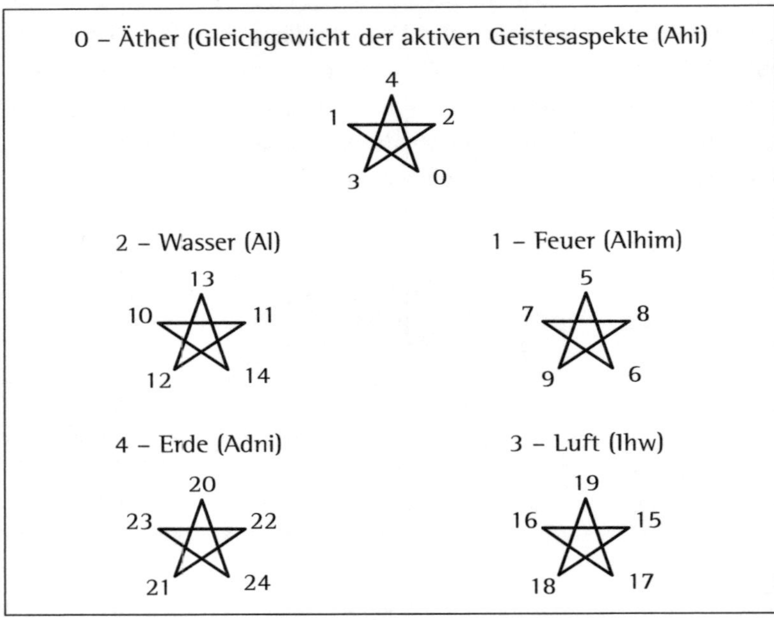

Diese Anordnung basiert auf dem großen Ritual des Pentagramms. Wir arbeiten nun mit dem Äther und insbesondere mit dem Gleichgewicht der aktiven Aspekte des Geistes.

Das erste Pentagramm enthält die Zahlen, die für die Existenz spiritueller Wesen verantwortlich sind. Es ist das Pentagramm des Äthers. 0 ist der Äther, der hohe Geist, der Ursprung der vier Elemente und deren Verdichtung zum Einen. 1 ist der niedere Geist, der Prozess, der den Äther so dicht wie die ursprüngliche Materie macht. 2 ist das Wasser, der Träger des Neugeborenen. 3 ist die Luft im Wasser und auf der Erde. 4 ist die Erde, der Gipfel des gesamten Prozesses.

Das zweite Pentagramm, das des Feuers, enthält die Zahlen, die mit spiritueller Liebe verbunden sind. 5 ist der Geist der Liebe als Anziehungskraft. 6 ist der Geist der Liebe zur Familie. 7 ist der Geist des Wassers als reine Empfindung. 8 symbolisiert den Verstand, der Ideen in Materie umwandelt. 9 ist die Vereinigung von Feuer und Erde, Leidenschaft und Materie.

Das Pentagramm des Wassers enthält die ersten zusammengesetzten Zahlen: 10 ist die Abstraktion des Äthers, der das Ich auflöst. 11 ist das Feuer des Wassers, die hybride Verbindung beider Elemente. 12 ist das dreifache Wasser, das Gefühl, in dem wir ertrinken. 13 ist die Luft des Wassers, die das Gefühl mit dem Wind der Vernunft austrocknet. 14 ist die Erde der Luft, die Alchemie, die Theorien in die Tat umsetzt.

Das Pentagramm der Luft ist dem Verstand zugeordnet. 15 ist die Essenz des Verstandes, das materielle Band zwischen Materie, Geist und Gefühl. 16 ist der Geist des Verstandes, die Religion als Konfession. 17 ist das Gefühl des Verstandes – eine schwierige Verbindung, aber wenn sie vorkommt, bringt sie Erleuchtung. 18 ist der Wind, ein Sturm, der graue Himmel voller Wolken. 19 ist die Materialisierung des Verstandes, eine der wenigen Zahlen, die Größenwahn symbolisieren.

Das letzte Pentagramm ist das der Erde. 20 ist die Zahl des Äthers auf Erden, ein Sinnbild der Erneuerung. 21 ist der Geist auf Erden, die Zahl der Vollendung und der höheren Erfahrungen – eine edle Zahl. 22 ist Wasser auf Erden, die Zahl der Ozeane und Flüsse, der Auflösung des Ichs. 23 ist Luft auf Erden, die Erneuerung des alltäglichen Denkens, die Evolution der Kulturen. 24 ist die Erde auf Erden, eine sterile Zahl, das Vakuum. 25 ist der Beginn einer neuen spirituellen Ebene, die Wiederkehr des Äthers.

2.4
Das Zurückführen der Zahlen

Dank dieser Methode können wir das Ziel einer Zahl und ihre verborgenen Persönlichkeitszüge ermitteln.

Nehmen Sie irgendeine Zahl, und beginnen Sie, von 1 aufwärts bis zu dieser Zahl zu addieren. Die Ergebnisse sehen so aus:

1

Die Einheit können wir nur zerlegen, indem wir sie vernichten, also 2 daraus machen.

2: 1 + 2 = 3

Die 2 existiert, weil sie zu dritt sein will. Sie ist eine Vermittlerin, aber deshalb keine minderwertige Zahl. Eine Frau (2) ist erst vollständig, wenn sie ein Kind (3) gebiert. Erst als Mutter verliert sie ihre Jungfräulichkeit wirklich. Keines ihrer Hauptchakras bleibt gleicht, nachdem sie ein Kind geboren hat.

3: 1 + 2 + 3 = 6

Das Ziel und das Zentrum des Kindes (3) ist die Familie (6). Eltern, Geschwister und Verwandte sind die Gesellschaft des Kindes, die viele seiner Erfahrungen und Entscheidungen als Erwachsener prägt.

4: 1 + 2 + 3 + 4 = 10

Die 4 ist nicht sehr ehrgeizig; sie will der Gipfel des ersten Zyklus (10) werden. Die 4 ist ein stiller Arbeiter, der kein großes Aufhebens von seinen Leistungen macht.

5: 1 + 2 + 3 + 4 + 5 = 15

Die extrem unterschiedlichen Polaritäten der 5 und der 6 müssen verbunden werden. Dies ist keine höhere Kombination eines Paares (wie die 11 es je nach ihrem Ursprung sein kann), sondern eine niedrige, da die 5 die 6 beherrscht.

6: 1 + 2 + 3 + 4 + 5 + 6 = 21

Die 6 will sich reproduzieren, um die Weisheit und Ganzheit der 21 zu erwerben.

7: 1 + 2 + 3 + 4 + 5 + 6 + 7 = 28
Die 7 ist perfektionistisch. Sie geht zur 28, einer vollkommenen Zahl für Mathematiker.

8: 1 + 2 + 3 + 4 + 5 + 6 + 7 + 8 = 36
Die 8 kann materialistisch sein, aber nur an der Oberfläche, denn im Grunde geht sie auf die letzte einstellige Zahl zu: 9 (36/9).

9: 1 + 2 + 3 + 4 + 5 + 6 + 7 + 8 + 9 = 45
Die 9 kehrt immer zu sich selbst zurück.

2.5 Buchstaben und Zahlen

In der alten Zeit hatten mehrere Alphabete die gleichen Zeichen für Buchstaben und Zahlen. Sie galten als verschiedene Emanationen ein und desselben Prinzips.

Ein kabbalistisches System ist die Gematria, die Buchstaben in Zahlen verwandelt. Sie ist die Grundlage der modernen westlichen Numerologie. Beide Methoden ermitteln den Zahlenwert eines Wortes – wir brauchen nur die Zahlen der Buchstaben zu addieren.

Zwischen der Gematria und der Numerologie gibt es einige große Unterschiede. In ihrer ursprünglichen Form war die Gematria für Sprachen bestimmt, die für Buchstaben und Zahlen die gleichen Zeichen verwenden (Hebräisch, Griechisch). Die Numerologie eignet sich dagegen für jene Sprachen, die Buchstaben und Zahlen unterscheiden. Außerdem ist die Numerologie objektiver als die Gematria, da sie ein modernes System ist und unsere Zeit auf Schnelligkeit Wert legt. Andererseits ist die Gematria eine hervorragende Methode, um mit Wesenheiten Kontakt aufzunehmen, die auf hebräisch oder griechisch geschaffen (oder identifiziert oder zuerst erdacht) wurden.

Die Numerologie ist aus verschiedenen Meditationen und Forschungen über die Zahlen und Sprachen aller Zeitalter entstanden und verfolgt das Ziel, Menschen zu ergründen. Kurz gesagt, die Numerologie ist die natürliche Entwicklung der Gematria.

Der Autor Kenneth Grant schreibt in seinem Buch *The Magical Revival,* die Numerologie sei wertlos, weil ein Name etwas fast Zufälliges sei und keinerlei Bedeutung habe. Obwohl Grant ein angesehener Schriftsteller ist, liegt er hier völlig falsch. Der Name ist eine Art Mantra, eine Markierung, ein Etikett. Er ist kein Zufallsprodukt, sondern ein mächtiges Symbol. Man kann den psychischen Einfluss des Namens auf die Persönlichkeit eines Menschen nicht ernsthaft leugnen. Wir identifizieren uns stark mit unserem Namen. Die Numerologie erforscht die Symbolik des Namens und des Geburtsdatums, und das sind zwei wichtige äußere Kennzeichen unseres Ichs.

Während Alef im Hebräischen sowohl ein Buchstabe als auch eine Zahl ist, gilt in der westlichen Numerologie A = 1, B = 2, C = 3 und so weiter. Die Umwandlung der Buchstaben basiert auf einstelligen Zahlen. Darum ist A = 1, J = 1 und S = 1. A ist jedoch eine reine 1, während J eine 1 ist, die von 10 kommt, und S eine 1 ist, die von 19 kommt. Die Deutung dieser Buchstaben ist unterschiedlich, aber die endgültige Berechnung ist bei diesen drei Buchstaben gleich:

ABBILDUNG E

1	2	3	4	5	6	7	8	9
A	B	C	D	E	F	G	H	I
J	K	L	M	N	O	P	Q	R
S	T	U	V	W	X	Y	Z	

Die Umlaute und das ß werden umschrieben: Ä = AE, Ö = OE, Ü = UE und ß = SS.

Sehen wir uns die allgemeinen Eigenschaften der Grundzahlen noch einmal an, damit wir zur Berechnung des Numerogramms übergehen können.

2.6
Die allgemeinen Merkmale der Zahlen

1 EINS 1

(Buchstaben A, J, S)

Macht und Stärke. Der Vater. Die 1 ist nicht teilbar, bringt also nichts hervor, außer wenn sie zur 2 wird, was ein destruktiver Prozess ist, denn er bedeutet die Vernichtung des Ichs.

Die 1 neigt zu dominantem Verhalten. Ihre typische Situation ist der Anfang. Ein Narzist.

Im Baum des Lebens ist die 1 Kether und Chokma, weil sie den Ursprung der Emanationen und die erste männliche Energie symbolisiert.

Wenn wir 1 zu einer geraden Zahl addieren, erhalten wir eine ungerade Zahl. Die ungeraden Zahlen scheinen also stärker als die geraden zu sein. Andererseits bekommen wir eine gerade Zahl, wenn wir zwei ungerade Zahlen addieren – die Auflösung zweier Wirbel, der eine taucht in den anderen hinein.

Die Trockenheit der Sonne, die Bewegung und Durst nach Wasser verursacht. A ist reine Einheit, J ist aufgelöste Einheit, und S ist verdichtete Einheit.

Eine warme, kaleidoskopische Sonne. Phallus, Schlange.

Ihr Verb ist SEIN.

2 ZWEI 11

(Buchstaben: B, K, T)

Die zerstörte 1 ist die Wurzel der unendlich vielen anderen Zahlen. Der Tod der Einheit ist der Schöpfer zahlloser Möglichkeiten. 1 ist Gott, und sein Tod bringt die 2 und alle anderen Zahlen hervor.

Das wirft die Frage auf, ob Gott „gestorben" ist, um den Menschen zu erschaffen. Hat er seinen Leib geteilt, um uns alle zu formen? Wenn ja, sind wir die Hüter seines Samens auf diesem Planeten.

Im Grunde ist die 2 also kleiner als die 1; andererseits ist sie das Doppelte der 1.

Die Zweideutigkeit der Welt: Nacht und Tag, Hass und Liebe, Kälte und Wärme, ja und nein ... Die 2 tritt nur paarweise auf. Sie ist das Kennzeichen subtiler und zarter Persönlichkeiten.

Die Situationen der 2 drehen sich um Begegnung und Teilung – es sind immer mehr als einer, die sich treffen oder trennen.

Im Baum des Lebens ist die 2 Bina, Akzeptanz und Verständnis, das große schwarze Meer.

Die 2 ist der Rhythmus der Wiege, die ferne Erinnerung an eine uralte Mutter.

Der Buchstabe B ist die reinste 2, K gehört zur 11, und T ist das Ende einer Phase vor dem Beginn einer neuen.

Die heilige Grube, ein Symbol der Einheit von Himmel und Erde, hat die Form einer Vulva. Zwei ineinander verschlungene Schlangen, die eine schwarz, die andere weiß, symbolisieren diese Begegnung.

Das Verb der 2 ist FÜHLEN.

3 DREI III

(Buchstaben: C, L, U)

Die Vereinigung des Mannes mit der Frau führt zur Geburt eines Kindes voller Fantasie und Inspiration. Das versöhnliche Ende eines Dramas, das sowohl der Tod der Einheit als auch die Geburt der Dualität ist.

Die Polaritäten sind da, aber sehr gut gemischt; ihre Teile sind nicht mehr zu unterscheiden. Dennoch ist die 3 eine Yang-Zahl.

Sie symbolisiert Schwangerschaft, Unreife, Kinder, Künstler, Kommunikation, Wendigkeit, Frische, Freunde, Partys, Lachen. Die Zahl des Merkur.

Im Baum des Lebens ist die 3 Daat, die unsichtbare Sefira, die sich insgeheim zwischen Chokma und Bina gedrängt hat. Daat harmonisiert alle metaphysischen Widersprüche. Die 3 ist aber auch Chesed, ein Symbol der ausgewogenen Materie, die Lösung materieller Widersprüche.

Das Dreieck ist das bekannteste Symbol der 3. Im Tierreich ist der Delfin ein Beispiel für die 3 – intelligent, glücklich, aktiv und lustig zugleich. Der Adler ist ebenfalls ein Sinnbild erhabener Gedanken und großen Mutes – das Kind ist von Natur aus furchtlos, denn Feigheit ist die Folge der Bewusstheit.

Das Verb der 3 ist ERSCHAFFEN.

4 VIER IV

(Buchstaben: D, M, V)

Die Bewahrung der Tradition und der damit verbundene Fanatismus. Die innere Stimme der Vorsicht (und der Feigheit), die manche Über-Ich nennen. Die 4 Kardinalpunkte. Ein vertrauenswürdiger Mensch. Die 4 ist gegen jede Neuerung. Sie neigt zu Arbeit, Beruf, Organisation, Katalogen, Bürokratie, Einschränkungen, Grenzen und Verpflichtungen. Je mehr wir als 4 arbeiten, desto größer wird der Lohn als 8. Ein Mensch, der viel von Hierarchie hält. Äußerlich stark, innerlich zerbrechlich.

Im Baum des Lebens ist die 4 Gebura, die Sefira des Krieges, denn wegen ihrer Begrenzungen und ihrer Unwissenheit kann sie gewalttätig sein. Während Chesed die Unterschiede zwischen Chikma und Bina auflöst, zerstört Gebura diese Harmonie.

D ist die reguläre 4, M ist das Symbol der Mutter Natur, und V ist ein radikaler Pazifist, ein unsicherer Größenwahnsinniger und ein Erleuchteter.

Die 4 ist ein Fels, denn sie ist stabil und primitiv. Die Ameise symbolisiert das Prinzip der 4 am besten, weil sie ernsthaft arbeitet.

Das dreiblättrige Kleeblatt ist ein Symbol der 4 (drei Blätter + ein Kern), denn sie ist eine gewöhnliche Kleeart, anders als die vierblättrige Varietät. Die 4 symbolisiert alltägliche Erfahrungen, nicht das Außergewöhnliche.

Ihr Verb ist MACHEN.

5 FÜNF V

(Buchstaben: E, N, W)

Das Öffnen der 5 materiellen Sinne. Lustbedürfnis. Wenn die 4 sagt: „Das ist die Regel", entgegnet die 5: „Ich befolge sie nicht." Der Bilderstürmer, der Heranwachsende. Plötzlich geänderte Pläne, ein neuer Weg. Das Unvorhersehbare. Instabilität. Das innere Tier. Forscherdrang, der uns zum Reisen veranlasst, um verschiedene Kulturen und Formen der Kommunikation zu entdecken. Die 5 ist elektrisierend, flink und ungeduldig. Drogen sind für sie sehr verlockend, ebenso Sex. Die 5 ist Rausch in allen seinen Bedeutungen (die Ursache muss keine verbotene Droge sein) und Verführung (auch ohne Sex). Ein rebellischer Mensch.

Im Baum des Lebens ist die 5 Gebura, Krieg, und Tiferet, der heilige Schutzengel. Eine widersprüchliche Zahl, das Symbol für Menschen, die ihre Meinungen und Standpunkte leicht ändern.

Der Buchstabe E ist die reguläre 5, N ist am ausgewogensten (oder am stärksten unterdrückt), und W ist am willensstärksten.

Die Symbole der 5 sind die Lanze und der Schild, primitive Zeichen des Krieges. Das Pferd war in der alten Zeit das Mittel zur Fortbewegung. Das vierblättrige Kleeblatt ist selten; es enthält einen Kern und 4 Blätter.

Das Verb der 5 ist VERÄNDERN.

6 SECHS VI

(Buchstaben: F, O, X)

Durch Verdoppelung wird die 3 weicher. Die 6 bewahrt das Kommunikationstalent der 3, aber in geringerem Umfang. Sie ist der Weg zur Versöhnung.

Die 6 hat ein starkes Gefühl für Ästhetik, da sie aber weiblich ist, neigt sie dazu, den üblichen Schönheitsbegriff zu übernehmen, anstatt eine neue Richtung einzuführen, wie die männlichen Zahlen es meist tun.

Ein Mensch, der nie vergisst, was andere tun (Gutes wie Schlechtes). Die Zahl der Fortpflanzung.

Im Baum des Lebens ist die 6 Tiferet (auf der spirituellen Ebene) und Nezach (auf der emotionalen Ebene).

F ist die reguläre Schwingung, O ist eine Zahl der heftigen Leidenschaft, und X ist ein Symbol der Gefühlsschwäche.

Auf der Abbildung ist der Davidsstern das Symbol des Himmels und seiner Verbindung mit der Erde. Die Taube ist ein Sinnbild des Friedens und der Diplomatie, die Rose steht für Liebe und Zuneigung.

Das Verb der 6 ist HARMONISIEREN.

7 SIEBEN VII

(Buchstaben: G, P, Y)

Den 7. Sinn erwerben wir nur durch Einsamkeit und mutige Selbstanalyse. Sobald wir gefestigt sind – als Individuum (1), als Teil eines Paares (2), als Elternteil oder Kind (3) –, einen Beruf haben (4), ein Leben nach unserem Willen führen können (5) und im Einklang mit unserer Umwelt (6) leben, sind wir bereit, eine Seele zu entwickeln. Das setzt eine gewisse (körperliche und/oder geistige) Askese voraus. Die 7 symbolisiert einen intelligenten, brillanten, arroganten und kultivierten Menschen.

Die 7 ist ein Einzelgänger, sogar – oder hauptsächlich – inmitten einer Menge. Sie ist der König des Schmeichelns und ein begabter Sophist. Ein Student, ein Forscher, ein Schriftsteller, ein Mensch mit großem Wissen. Die 7 ist geistig alt, selbst bei jungen Menschen.

Nachdenklichkeit, Erneuerung, intellektuelle Herausforderungen. Das innere Leben wird intensiver, das äußere verlangsamt sich. Es ist Zeit, an die Gesundheit zu denken.

Die kabbalistische 7 ist Nezach und Hod, die Sefirot des Denkens. Die Lampe ist ein Symbol für Denken und Forschen. Die Eule sieht im Dunkeln, fliegt in der Luft und scheint ziemlich ernst zu sein. Lesen und Schreiben sind der 7 sehr wichtig.

G ist gelassen, P scharfsinnig, Y der brillante Geist.

Das Verb der 7 ist DENKEN.

8 ACHT VIII

(Buchstaben: H, Q, Z)

Die 8 ist die Zahl des Reichtums, der Wirtschaft und des Wohlstands. Erworbene Überlegenheit (im Gegensatz zu Menschen, deren Symbol die 1 und deren Macht angeboren ist). Eine Zahl der unsicheren Menschen, die ihre Fähigkeiten ständig beweisen müssen – so gelingt es der 8, viel zu leisten, denn Unsicherheit ist ihr Treibstoff. Gesetz, Gerechtigkeit, Establishment, Dokumente, Geld. Der Lohn der Mühe, welche die 4 sich gegeben hat.

Im Baum des Lebens sind es Hod und Jesod, die fast das Königreich auf Erden verwirklichen.

H ist eine reguläre 8, Q ist der Buchstabe für Reichtum, und Z steht für Materie in Gestalt von Ärger oder Einschränkungen sowie deren Überwindung.

Die Symbole der 8 sind die Windrose, der Hammer der Gerechtigkeit und die Münzen im Beutel.

Das Verb der 8 ist HABEN.

9 NEUN IX

(Buchstaben: I, R)

Wenn wir die 8 Pfade bereits gegangen sind, können wir Anfang und Ende vereinigen: 1 + 8 = 9. Der letzte Archetypus, die große Versöhnung. 1 + 8 symbolisiert die Einheit von Ich und Gesetz, 2 + 7 ist Intuition, verbunden mit Vernunft, 3 + 6 ist die Ehe zwischen Kreativität und Stabilität, und 4 + 5 ist die Gleichung, die Strenge und Freiheit versöhnt. Die 9 wird mit dem Kreis assoziiert, der 360 Grade hat (3 + 6 = 9).

Schlusspunkt, Grenzen, das Ende einer Phase und der Beginn einer neuen.

Im Baum des Lebens ist die 9 Jesod, die 9. Sefira, das Traumland, das der materiellen Wirklichkeit näher ist.

Die intensiven und energischen Buchstaben I und R sind die Emanationen der 9 im Alphabet. Beachten Sie, dass R für 18 steht und daher gefährlich ist und vor einem Unfall oder Kampf warnen kann. Allerdings kann die 18 auch die Zahl eines Autors sein, der über Unfälle schreibt, oder eines Arztes, der Unfallopfer behandelt, ohne selbst leiden zu müssen. Ein Mensch fällt dem, was die 9 symbolisiert, nicht unbedingt zum Opfer; aber er muss sich gewiss in der einen oder anderen Form damit auseinandersetzen.

Die Symbole der 9 sind die brennende Fackel, die für das Element Feuer steht, und die Swastika, die von den Nationalsozialisten missbraucht wurde, aber immer noch ein heiliges Zeichen der Evolution ist.

Das Verb der 9 ist GEHEN.

11 ELF XI

Exzess, Übertretung, Transzendenz, das Übermenschliche. Der männliche Pfad der Spiritualität. Gott und Dämon sind Aspekte desselben Wesens: Abrasax, eine griechische gnostische Gottheit, verbindet beide. Mann und Frau werden eins, also androgyn. Die 11 ist der Geist Luzifers, des Licht bringenden Engels. Der innere Gott und sein dämonisches Gegenstück.

Während die 5 sich gegen die Gesetze auflehnt, ignoriert die 11 sie alle.

Ein Pansexueller. Der Archetypus der 11 transzendiert alles, auch den Sex, indem er das Ganze in sich aufnimmt.

Enthüllungen, außerordentliche Dinge, Mystik, Wissen, Verfall, Paranoia.

Die Zahl des New Age, der neue Äon. Eine völlig neue Moral (im Guten wie im Schlechten), deren Ursprung Wissenschaft und Technik sind.

Das Gleichgewicht zwischen Mensch und Tier oder zwischen Gott und Mensch. Eine Zahl der Ekstase, verbunden mit Bacchus. Außersinnliche Erfahrungen. Der Weg der Schlange oder Ziege.

Das Verb der 11 ist WAGEN.

22 ZWEIUNDZWANZIG XXII

Auch bekannt als Weg des absoluten Nichts, der Ur-Null. Die Vernichtung des Ichs nach seiner eindeutigen Bestätigung als 11. Der Weg der Taube oder des Lamms.

Während die 4 vom Bauen und Erschaffen besessen ist, nimmt die 22 beides überaus ernst – mehr noch als die 4 – und ruht nicht, ehe ihr Wille erfüllt ist. Aber es gibt auch „22er-Menschen", die von Natur aus zur Passivität neigen. Das kann den Ruin der 22 bedeuten, ihr schlimmster Schatten sein; denn wenn die 22 sich wie eine 4 benimmt, verliert sie ihr großes Potenzial als Meisterzahl. Die 22 will entweder höher oder tiefer sein, aber nie in der Mitte – anders als die 4, die nach Normalität strebt.

Enorme Einschränkung, große Tragödie oder großes Glück, Dringlichkeit, das Grandiose. Was auch immer – es ist nicht durchschnittlich. Im Baum des Lebens ist die 22 Tiferet.

Ihre Symbole sind eine weiße Wolke (Frieden), ein Lamm auf einem heiligen Buch (die Reinheit behütet das Wissens), ein Leuchter mit zwei Paar Kerzen (Dualität der 4 und 22). Der Berg steht für Großmut.

Das Verb der 22 ist TUN.

2.7
Andere Zahlen

10 * Gilt in ihrer Gemeinschaft als respektable Zahl; symbolisiert einen Vater, einen Mann im mittleren Alter, eine Autorität. Der fürsorgliche Aspekt der 1.

12 * Die Zahl des Tierkreises. Ein Symbol der Reinheit, jedoch durch Opfer und Unterwerfung, weil die 12 eine osirische Zahl ist, die ein gewisses Opfer einschließt.

13 * Erregung, Bewegung und radikale Veränderungen. Kreativität nach einer Trockenzeit. Tod.

14 * Als Verdoppelung der 7 muss die 14 nach Vollkommenheit und Vollkommenem streben. Bevor sie den mittleren Weg geht, muss sie die Extreme kennen lernen.

15 * Impulsiv, gewalttätig, warm, entzückend, beschützend, schwierig, menschlich. Ein Erpresser. Die 5 setzt sich gegen die 6 durch.

16 * Vierfache Zahl der Zerstörung. Das Ende eines materiellen Zyklus. Wenn der Denker sentimental wird, macht sein Verstand eine Phase der Vernichtung durch: die Herrschaft der Materie über den Intellekt, eine unangenehme Blockade, Frustration und Unfähigkeit. Das alles kann jedoch die Sinne in widerspenstige, waffenähnliche Materie umwandeln.

17 * Eine Zahl, die zwischen Tagtraum und Wirklichkeit schwankt. Hoffnung und Erwartung.

18 * Die Verdoppelung der 9, also doppelte Verwirrung. Dennoch eine sehr wichtige Zahl, welche die Finsternis in uns allen symbolisiert. Wir sollten sie überwinden, um nicht vom Chaos verschlungen zu werden.

19 * Der zerstörerischste Aspekt der Sonne. Die 19 besteht aus Anfang (1) und Ende (9). Sie bietet die große Chance, Macht auszuüben. Meist lässt sie an einen Menschen denken, der in seiner Eitelkeit ertrinkt.

20 * Die Auflösung der weiblichen Elemente, eine Zahl der Offenbarung und Prophezeiung. Es ist Zeit, die Vergangenheit zu vergessen und sich der Zukunft zu öffnen. Die Sinne haben sich im ewigen Wasser aufgelöst; dadurch tauchen wir in die Tiefe, über das Ich hinaus, und breiten uns zugleich über das Ich der anderen aus.

21 * Die Welt, wie wir sie kennen.

23 * Die Zahl der Lust und der Vitalität. Das Leben fließt wie das Chlorophyll im Gras des Sommers und schmeckt gut, obwohl Energie instabil und unreif ist.

24 * Eine schwache, mit Mängeln behaftete, problematische Zahl, das genaue Gegenteil der 19. Während die 19 sehr arrogant ist, lässt die 24 sich für alles erweichen. Sie steht für einen Menschen, der das Leiden genießt und sich zu sehr fürchtet, als dass er die Welt verstehen könnte – außer durch Schmerz oder Angst vor Schmerzen.

25 * Ein Intellekt, den körperliche Verführung ausbalanciert. Ein Mensch mit reichem Innenleben. Ein Mensch, dessen Seele einem Wald gleicht, einerlei, wie sehr er an der Stadt hängt.

26 * Tetragrammaton. IHWH (die vier Konsonanten von "Jahwe"). Kebad, Liliths Gemahl. In spiritueller Hinsicht strahlt die 26, aber in der Praxis kann sie irgendwie traurig sein.

27 * Eine schwächere 9. Ein Mensch, der viel zu sagen hat, aber seine Worte sorgfältig wählt.

28 * Die vollkommene Sozialisation, das demokratische Ideal. Diese Zahl symbolisiert eine spirituelle Art der Politik und eine politische Art, spirituell zu sein.

29 * Die sanfteste Seite der 11. Überspanntheit normalisiert sich, eine Gewohnheit ändert sich. Die Enthüllung eines großen Geheimnisses steht bevor, und sie wird die Gefühle beeinflussen.

30 * Kommunikation in großem Umfang. Ein Erwachsener mit der Mentalität eines Kindes, der verführerisch oder pathetisch sein kann. Ein solcher Mensch kann jovial sein, vielleicht auch infantil und dumm.

31 * Die Zahl der dunkelsten Nacht der Seele, die nur eine Prüfung ist. Die Zahl von El, der hohen Gottheit.

32 * Das Ende einer Reise im Baum des Lebens. Unabhängigkeit.

34 * Eine intellektuelle Offenbarung, die den Verstand klärt.

35 * Die Zahl der körperlichen und geistigen Anziehung. Die Zahl von AGLA (Ate-Gibor-Leholan-Adonai).

36 * Solar und merkurisch, kommunikativ und flink. Eine ungezwungene und fließende Zahl.

37 * Das durch die Seele gefilterte Ich. Daraus entsteht etwas Großes, sei es ein Despot, sei es eine Führungspersönlichkeit.

38 * Die lockerste Version der 11; sie kann gleichzeitig ungewöhnlich und beliebt sein. Näher kann die 11 dem Glück, in ihrer eigenen Ära verstanden zu werden, nicht kommen.

39 * Spiritualität, die zum Selbstopfer neigt, und Selbstopfer, das sich selbst als sinnlose Energieverschwendung beweisen will.

40 * Der Verfall der Struktur, eine positive Zerstörung, da ihr Ziel darin besteht, Platz für ein neues Gebäude zu schaffen.

41 * Spannung, Widerspruch und Instabilität. Materielle Einschränkungen sorgen für eine schwächere 1, die einen Teil ihres Talents durch Verderbtheit verliert.

42 * Manche Menschen halten die 42 für eine verfluchte Zahl. In Wahrheit ist sie die Zahl zweier heiliger Namen der Kabbala: Der eine ist der schreckliche und starke Gott des Todes, der andere Eloha, einer der Namen Gottes.

43 * Ruhe und Stille. Viel Fantasie und Visualisierung, aber alles auf der Ebene des Verstandes und der Seele, nicht der greifbaren Materie.

45 * Die Zahl Adams. Ein Archetypus der Menschheit. Das Ergebnis der Addition einstelliger Zahlen.

46 * Traditionalist, Anti-Evolutionist, Hüter der Überlieferung. Eine konventionelle Persönlichkeit, die so berechenbar sein kann, dass sie langweilig wird. Allerdings brauchen wir selbst im 21. Jahrhundert solche Menschen, um unruhige Schwingungen so auszugleichen, dass sie harmonisch bleiben können.

47 * Eine 11, die weniger flexibel und humorvoll ist. Sie kann fanatisch oder geisteskrank sein. Andererseits können wir unser Denkvermögen entwickeln und das wirre Gewebe des Verstandes auflösen, wenn wir diese Falle vermeiden.

48 * Die Zahl der israelitischen Propheten. Ernsthaftigkeit und Opfer, aber mit einem Ausgleich. Der Lohn für Organisation und Geradlinigkeit.

49 * Die Zahl Babylons. Dem Talmud zufolge hatte Moses 49 Gründe, etwas als rein oder unrein zu betrachten. Die mystische Zahl der Venus – ist Babylon nicht der mystischere Aspekt der Venus?

50 * Die Zahl der Tore in Bina. Auflösung der Sinne. Stärkere Empfindungen als Folge langer Maßlosigkeit.

51 * Der Sturm, der dem Regenbogen vorausgeht. Entflammte Gefühle und Erinnerungen können bewirken, dass unterdrückte Instinkte plötzlich hervorbrechen – das ist bedrohlich, aber zugleich eine Herausforderung.

52 * Die Zahl der Erlösung. Der Sohn. Ein beweglicher Verstand. Das Wasser des Wunders süßt das unersättliche und ätzende Verlangen, so dass vorübergehend eine Art Frieden herrscht.

53 * Suche, Anstrengung. Materielle Angelegenheiten reifen. Lust auf Verfeinerung – sie scheint ohne große Mühe zu gelingen.

54 * Streit, Unentschlossenheit und Überstürztheit. Ein Schritt vorwärts, zwei Schritte zurück. Die Begegnung von zwei Archetypen, die so verschieden sind, dass sie nicht miteinander auskommen. Der resultierenden 9 fehlt es daher an Konzentration und Richtung.

56 * Die Zahl der Nuit. Die Verkündigung Adonais ist wie eine ferne Melodie, vermischt mit Furcht und Ekstase, Fremdheit und Bekanntheit, Chaos und Korrektheit.

57 * Ruhe nach der Schlacht und dem Opfer. Die Fähigkeit, sich unterschiedlichen Umständen anzupassen, nicht dank einer natürlichen Flexibilität, sondern um zu überleben.

58 * Eine reife Schwingung, wie ein Wein, der umso besser schmeckt, je älter er ist. Wandel wird zu Organisation, diese zu Transformation und diese zu Beständigkeit.

59 * Ein heftiger Ausbruch nach langer Unterdrückung. Erdhafte Kräfte können uns in den Wahnsinn treiben, wenn wir sie verdrängen. Andererseits wissen manche Menschen mit gewissen Kräften umzugehen und sie gut zu nutzen.

60 * Eine neutrale Welle, eine angenehme, aber unpersönliche Persönlichkeit, die sich um andere kümmert. Jemanden versorgen oder von jemandem versorgt werden.

61 * Die negative Existenz, das Ich. Aufbau und Abbau in der Absicht, etwas neu zu errichten. Zu zerbrechlich, um mit starken Ichs zurecht zu kommen.

62 * Eine schwache Zahl ohne positive Emanationen. Wie die 26 und die 24 hat auch die 62 kein festes Fundament, keine Beständigkeit. Sie gleicht einem Lösungsmittel, und das ist ein Problem für eine Zahl mit der Quersumme 8.

63 * Eine der Dreiecks-Zahlen, ein Symbol der Redegewandtheit und der Kommunikation. Harmonisch, frisch und impulsiv.

64 * Eine merkurische Zahl. Auch eine Zahl des Ausdrucks, hier jedoch in Form eines sehr offenen Gesprächs. Ein Mensch, der die schwierigsten Anliegen behutsam ausdrückt.

65 * Die heilige Zahl Adonais. Das Ergebnis aus 13 x 5, das heißt Tod (und somit Transzendenz) auf jeder elementaren Ebene: Feuer-Geist, Wasser-Gefühl, Luft-Denken, Erde-Materie, Äther-Quintessenz.

67 * Streben, Ehrgeiz und Gier. Keine Versöhnung, sondern Kampf. Der Streit zwischen Gefühl und Vernunft – meist gewinnt Letztere dank der resultierenden 4.

68 * Langsamkeit und Zaudern führen zu Enttäuschung. Körperliche Empfindungen zu missachten (oder es zu versuchen) ist keine Lösung; es ist immer ratsam, Instinkte in die richtige Bahn zu lenken.

69 * Sexualität, Impulsivität, Leidenschaft. Die radikalste Seite der 6. Bewegte Gefühle, leidenschaftliche Besessenheit, Verlangen nach Lust.

70 * Die Auflösung eines abstrakten Gedankens führt zu seiner überraschenden Verwirklichung. Darum ist dies ein solider Ursprung für die 7, was das Denken betrifft. Im Allgemeinen handelt es sich jedoch um ein Schloss aus Sand, denn was wir denken, bestimmt unsere äußeren Umstände, nicht umgekehrt.

71 * Ebenfalls eine Zahl der Materialisierung, jedoch konkreter und materieller.

72 * Eine Zahl der Reife, das Symbol für das Ende eines Zyklus. Verborgenheit. Ständiges Denken filtert Gefühle, ehe sie ausgedrückt werden. Das ist keine Zensur und keine Manipulation, sondern der richtige Gebrauch von Gefühlen: Sie sind ein Medium, nicht das Ziel.

73 * Eine Zahl des Neubeginns. Die Idee, die dem Verstand und der Vernunft entspringt, zeigt einen ganz neuen Weg voller Möglichkeiten und noch frei von Unreife; denn die 73 ist eine erhabene, aber auch erfahrene Zahl.

74 * Eine Zahl des Wissens und der Gelehrsamkeit. Ihr fehlt jedoch der Humor. Die Kombination aus 7 und 4 ist viel zu vorsichtig oder gar langweilig, sehr geziert.

75 * Die Idee gut geplanter Erziehung. Eine Schule, eine Studiengruppe. Ein Buch, das Menschen beeinflusst.

76 * Diese Zahl symbolisiert einen Menschen, der mit seinen Fehlern spielt, sie positiv nutzt und sogar die ganze Situation umkehrt.

78 * Oberflächliche Kälte verbirgt unterdrückte Gefühle. Die Zahl der Tarotkarten. Ein Mensch, der starken Versuchungen widersteht.

79 * Zerstörung. Das Ende von etwas. Zusammenbruch.

80 * Materielle Eigenschaften werden verstärkt. Begabung für Wirtschaft. Starkes Gerechtigkeitsgefühl und hohe Anforderungen prägen eine strenge Persönlichkeit im Guten wie im Schlechten.

81 * Eine Zahl der Verwirrung. Der verführerische Reiz der Macht kann das Ich aufblähen. Wir lernen, mit der verborgenen Seite des Lebens und der Menschen zurecht zu kommen. Die mystische Zahl des Mondes.

82 * Wie die 28 macht auch die 82 die 1 sanft und doch stark.

83 * Hohe Frequenz, tiefe Wahrnehmung. Magick. Wir brauchen Geld, um Geld zu verdienen, oder wir brauchen ein wenig Materie, um Materie zu erzeugen.

84 * Eine sehr wichtige Zahl für Buddhisten, vielleicht weil sie an das Leiden erinnert.

85 * Wenn wir die 17 (die Zahl des Sterns) mit der 5 (dem Pentagramm) multiplizieren, erhalten wir die 85, die langsam transformiert. Der Wille, etwas zu verändern.

86 * Ebenfalls eine Zahl des Pentagramms wegen der Quersumme 14/5. Die Zahl der Elohim, der Naturkräfte, des Urwesens, der Flamme des Geistes. Das Familienvermächtnis, das zum Ansporn für ein großes Werk wird – oder zum Scheitern führt, wenn es töricht genutzt wird.

87 * Blasphemie und Gewalt, die auf Materie einwirkt und reine Zerstörung bewirkt oder abstrakte Gedanken beeinflusst und die Entdeckung von Mysterien ermöglicht. Gewalt ist eine dichte Emanation, die auch auf abstrakte Dinge anwendbar ist. Wenn ein Künstler daraus ein Kunstwerk macht oder in einem Kunstwerk Gewalt darstellt, wird sie zur Stärke. Andererseits kann Blasphemie dazu dienen, einen Glauben zu bekräftigen.

89 * Spannungsgeladene Stille. Ein Kelch. Eine knospende Blume. Eine Supernova.

90 * Der typische Wirbelwind der 9 ist hier unter vorgetäuschter Schüchternheit verborgen. Eine äußerst ausdrucksvolle und hemmungslose Zahl.

91 * Die mystische Zahl von Kether. Die Zahl des Amen. Die Rückkehr des Überflusses zum Minimum. Die Verdichtung eines komplexen Gedankens.

92 * Der Reiz des Wissens. Der bittersüße Geschmack eines materiellen Lebens. Das Bedürfnis, mit der Welt zurecht zu kommen und den eigenen Lebensunterhalt zu verdienen. Die Last der Verantwortungen und Verpflichtungen. Das alles hat bei manchen 11er-Menschen eine seltsame Wirkung: Sie sind zu ungewöhnlich und sogar zu fremd, um die üblichen Wege zu gehen.

93 * Der griechischen Kabbala zufolge erhält man 93, wenn man die Zahlenwerte der Worte Thelema (Wille) und Agape (Liebe) addiert.

94 * Eine große Zerstörung. Eine Katastrophe. Das schwarze Werk, d.h. archetypische Involution. Vielleicht kann alles in etwas anderes umgewandelt werden, jedoch nur, wenn wir den Gegenstand, der transformiert werden soll, einigermaßen kennen.

95 * Fließendes Wasser, Unentschlossenheit, Überquerung, Wahlmöglichkeiten. Das starke Wasser spült jeden Schmutz fort. Alchemie ist das Geheimnis, aber nicht im Labor, sondern im Kopf.

96 * Diese Zahl symbolisiert ein explodierendes Temperament oder einen Wutausbruch. Ein erfahrener Mensch sinkt auf eine niedrigere Ebene hinab.

97 * Das Entsetzen über ein sich auflösendes Ich weicht der Freude.

98 * Die Nähe zum Unbekannten.

100 * Das aufgeblähte Ich: eine Narbe in der Welt. Oder ein aufgelöstes Ich, das in Wahrheit größer wird.

Teil 3

Das Numerogramm

Jetzt wollen wir lernen, wie man ein Numerogramm berechnet und deutet.

3.1
Die Berechnung

Zuerst möchte ich Ihnen versichern, dass die Berechnung des Numerogramms überhaupt nicht schwierig ist. Ich hatte nie ein Talent für Mathematik und komme dennoch gut damit zurecht. Natürlich geht es mit einem Taschenrechner schneller.

In diesem Kapitel werden wir aber nicht nur rechnen, sondern auch ein wenig interpretieren.

Solange Sie noch nicht auswendig wissen, welche Buchstaben welchen Zahlen entsprechen, hilft Ihnen diese Tabelle*:

1	A	J	S
2	B	K	T
3	C	L	U
4	D	M	V
5	E	N	W
6	F	O	X
7	G	P	Y
8	H	Q	Z
9	I	R	

Auf den folgenden Seiten finden Sie einen Vordruck für ein Numerogramm, den Sie selbst ausfüllen können.

* Beachten Sie bitte, dass Sie die selben Ergebnisse erhalten, wenn Sie die Buchstaben des Alphabets einfach durchnummerieren.
Z. B.: J = 10/1 oder M = 13/4.

NUMEROGRAMM

Vollständiger Name: ______________________

Geburtsdatum: ______________________

Persönlichkeit:

Esoterische Zahl ________

Esoterische Herausforderung ________

Exoterische Zahl ________

Exoterische Herausforderung ________

Synthese ________

Allgemeine Herausforderung ________

Schicksalsweg ______________

Entscheidung ________

Herausforderung bei der Entscheidung ________

Zweite Entscheidung ________ Der Schatten ________

Dharma ________ Karma ________

Essenz ________ Gleichgewicht ________

Stresszahl ________ Herzzahl ________

Fundament ________ Willenskraft ________

Archetypen des Namens:

Die Bildung der Persönlichkeit:

Eins: ______ Zwei: ______ Drei: ______

Vier: ______ Fünf: ______ Sechs: ______

Sieben: ______ Acht: ______ Neun: ______

Selbst: __________ Paar: __________

Andere: __________ Kreativität: __________

Impuls: __________ Wille: __________

Zusätzliche Informationen:

Das Unterbewusste: ________ Das Unbewusste: ________

Regression: ________________

Tarot-Arkane: ________________________

Erbanlagen: ________________________

Erste Herausforderung: ________

Zweite Herausforderung: ________

Karmische Herausforderung: ____________

Lebensphasen:

I. Schicksal ____________ Zyklus ____________ Gipfel ____________

(Von 0 bis ___ Jahren)

II. Schicksal ____________ Zyklus ____________ Gipfel ____________

(Von ___ bis ___ Jahren)

III. Schicksal ____________ Zyklus ____________ Gipfel ____________

(Von ___ bis ___ Jahren)

IV. Schicksal ____________ Zyklus ____________ Gipfel ____________

(Von ___ bis ___ Jahren)

V. Schicksal ____________ Zyklus ____________ Gipfel ____________

(Von ___ bis ___ Jahren)

DER LEBENSWEG

Daten	Alter	Transit der Buchstaben	Essenz	Persönliches Jahr

3.1.1. Die Persönlichkeit

Wenn wir das Numerogramm eines Menschen studieren, müssen wir zuerst seine Persönlichkeit verstehen. Lernen wir also die Berechnungen, die den Charakter beschreiben!

Für den Fall, dass eine berechnete Zahl negativ ist, lassen Sie einfach das negative Vorzeichen (–) weg. In der Numerologie arbeiten wir nur mit positiven (also tatsächlich existierenden) Zahlen.

Esoterische Zahl

Bedeutung: Zeigt, wie wir uns verhalten, wenn wir allein sind.

Berechnung: Benutzen Sie den vollständigen Namen, und trennen Sie Vokale und Konsonanten. Buchstaben, die wie ein Vokal klingen, gelten auch als Vokal. Beispiel: in *John* ist das J ein Konsonant, in *Jan* ein Vokal. Addieren Sie dann alle Vokale, und ziehen Sie so lange die Quersumme, bis Sie eine einstellige Zahl erhalten.

Esoterische Herausforderung

Bedeutung: Eine unausgewogene innere Energie, die persönliche Probleme auslösen kann.

Berechnung: Ziehen Sie den ersten Vokal des Vornamens vom letzten Vokal des Nachnamens ab.

Exoterische Zahl

Bedeutung: Spiegelt die gesellschaftliche *Persona* wider, den ersten Eindruck, den wir bei anderen hinterlassen. Das Verhalten in der Öffentlichkeit, in der Schule oder am Arbeitsplatz.

Berechnung: Addieren Sie alle Konsonanten des vollständigen Namens, und ziehen Sie dann die Quersumme.

Exoterische Herausforderung

Bedeutung: Die unausgewogene Persönlichkeit in der Gesellschaft (oder in einer nicht sehr intimen Beziehung).

Berechnung: Ziehen Sie den ersten Konsonanten des Vornamens vom letzten Konsonanten des Nachnamens ab.

Synthese

Bedeutung: Die ganze Persönlichkeit in einer einzigen Zahl. Die Folge der inneren Spaltung. Die Persönlichkeit in Kurzform.

Berechnung: Addieren Sie alle Buchstaben des vollständigen Namens.

Allgemeine Herausforderung

Bedeutung: Ein Persönlichkeitsproblem, das positive Aspekte blockiert.

Berechnung: Addieren Sie die Ergebnisse der esoterischen und exoterischen Herausforderung.

Schicksalsweg

Bedeutung: Das Leben, der Pfad, auf dem wir durchs Leben gehen. Situationen und Umstände im Leben.

Berechnung: Addieren Sie die Zahlen des Geburtsjahres, -monats und -tages. Dabei gilt jedes Datum als separate Zahl. Beispiel: Wenn Sie am 21.4.1977 geboren wurden, addieren Sie 21 + 4 + 1977 und erhalten 2002 sowie als Quersumme 4.

Entscheidung

Bedeutung: Zeigt, wie wir in der Regel Entscheidungen treffen, wie wir unsere Willensfreiheit nutzen, wie wir den Schicksalsweg möglicherweise ändern können.

Berechnung: Addieren Sie alle Zahlen des (ersten) Vornamens.

Die Behinderung der Entscheidung

Bedeutung: Was unseren freien Willen behindern kann, sowie unser Vermögen, das Schicksal zu wandeln.

Berechnung: Subtrahieren Sie den ersten Buchstaben des Vornamens vom letzten Buchstaben.

Zweite Entscheidung

Bedeutung: Für alle, die einen zweiten Namen haben (z. B. *Klaus Jürgen* oder *Marie Louise)* ist dies ein zweiter Aspekt der Persönlichkeit.

Berechnung: Wie bei der ersten Entscheidung, aber nur mit dem zweiten Vornamen.

Der Schatten

Bedeutung: Was wir von uns nicht erwarten.

Berechnung: Subtrahieren Sie die ursprünglichen esoterischen und exoterischen Zahlen. Beispiel: Ihre esoterische Zahl ist 45/9, Ihre exoterische 77/14/5. Also rechnen Sie: 77 – 45 = 32/5.

Dharma

Bedeutung: Die Mission, unsere Aufgabe im Leben, der Sinn des Lebens, das höchste Lebensziel.

Berechnung: Addieren Sie die Synthese und den Schicksalsweg (die zusammengesetzten Zahlen).

Karma

Bedeutung: Die Tat. Das Ergebnis. Das Fahrzeug des Dharmas. Ursache und Wirkung. Der Weg zur Aktivierung des Dharmas. Der Schicksalsweg ist die Straße, das Dharma ist der Ort, zu dem wir gehen, das Karma ist das Fahrzeug, das wir benutzen.

Berechnung: Addieren Sie die Dharmazahl und die esoterische Zahl und den Geburtstag (wiederum die zusammengesetzten Zahlen).

Essenz

Bedeutung: Diese Zahl symbolisiert, was wir begehren und wovor wir uns gleichzeitig fürchten. Ihre größte Furcht ist, nicht zu bekommen, was Sie wollen. Zudem fürchten Sie sich vor etwas, von dem Sie wissen, dass es dennoch geschehen wird; aber Sie wollen auch, dass es geschieht, um es hinter sich zu haben. Diesen wichtigen Wendepunkt zwischen Lust und Schmerz enthüllt die Zahl der Essenz.

Berechnung: Beginnen Sie mit dem zweiten Namen, und addieren Sie die Initialen jedes Namens.

Gleichgewicht

Bedeutung: Wie wir unser Gleichgewicht und den nötigen Ausgleich finden.

Berechnung: Addieren Sie die Initialen jedes Namens.

Stresszahl

Bedeutung: Unsere Reaktion auf die unvorhersehbaren Tatsachen des Lebens.

Berechnung: Addieren Sie die Zahl der Entscheidung und den Geburtstag.

Herzzahl

Bedeutung: Unsere Wahrnehmung. Wie wir Tatsachen filtern. Diese Zahl zeigt, wie wir Ereignisse deuten.

Berechnung: Die Zahl des ersten Vokals im Vornamen.

Fundament

Bedeutung: Wie wir mit unseren Projekten beginnen. Der erste Schritt. Das Fundament, auf dem wir unser Leben aufbauen.

Berechnung: Nehmen Sie einfach die Zahl des ersten Buchstabens des Vornamens.

Willenskraft

Bedeutung: Wie wir unsere Pläne weiterverfolgen. Das letzte Ziel, der letzte Schritt.

Berechnung: Die Zahl des letzten Buchstabens des Vornamens.

Archetypen des Namens

Nun untersuchen wir, wie unser Charakter sich geformt hat. Dafür analysieren wir jede Zahl als Komponente einer bestimmten menschlichen Persönlichkeit.

Die Formung der Persönlichkeit

Bedeutung: Diese viereckige Figur zeigt, wie oft jede einstellige Zahl vorkommt. Alle einstelligen Zahlen symbolisieren Hauptarchetypen.

Bedenken Sie, dass jede Persönlichkeit das Ergebnis einer bestimmten Kombination und einer bestimmten Menge von Elementen ist. Die einstelligen Zahlen sind Sinnbilder dieser Elemente (wir können sie als fundamentale menschliche Persönlichkeiten bezeichnen). Wenn wir also die Mengen aller Zahlen miteinander vergleichen, erforschen wir in Wahrheit das Entstehen der Persönlichkeit.

Die 1 (hier und bei den folgenden Zahlen ist die Menge gemeint) misst das Ausmaß der Unabhängigkeit und der Aggressivität. Die 2 misst Passivität und Zusammenarbeit. Die 3 zeigt, wie kreativ und kindisch wir sind. Die 4 spiegelt das Ausmaß der Organisation und Unterdrückung wider. Die 5 misst das Ausmaß der Aufsässigkeit und des Mangels an Verantwortungsbewusstsein. Die 6 zeigt, wie heuchlerisch und diplomatisch wir sind. Die 7 schätzt unsere Intelligenz und Kälte. Die 8 misst unsere Fähigkeit, Wohlstand zu erwerben, sowie die Anspannung. Die 9 misst, wie furchtsam und großzügig wir sind.

Berechnung: Sie brauchen nur zu zählen, wie oft eine Zahl in Ihrem vollständigen Namen erscheint.

Selbst

Bedeutung: Die Struktur des Ichs.

Berechnung: Addieren Sie die Ergebnisse, die Sie für die Zahlen 1, 2 und 3 bei der Bildung der Persönlichkeit erhalten haben.

Paar

Bedeutung: Die Fähigkeit, Teil eines Paares zu sein.

Berechnung: Addieren Sie die Ergebnisse, die Sie für die Zahlen 4, 5 und 6 bei der Bildung der Persönlichkeit erhalten haben.

Andere

Bedeutung: Unsere Fähigkeit zu teilen.

Berechnung: Addieren Sie die Ergebnisse, die Sie für die Zahlen 7, 8 und 9 bei der Bildung der Persönlichkeit erhalten haben.

Kreativität

Bedeutung: Unsere Kreativität und unsere Fähigkeit zu kommunizieren.

Berechnung: Addieren Sie die Ergebnisse, die Sie für die Zahlen 3, 6 und 9 bei der Bildung der Persönlichkeit erhalten haben.

Impuls

Bedeutung: Die Fähigkeit, unsere Impulsivität im Zaum zu halten.

Berechnung: Addieren Sie die Ergebnisse, die Sie für die Zahlen 2, 5 und 8 bei der Bildung der Persönlichkeit erhalten haben.

Wille

Bedeutung: Die Stärke, der Charakter und der Wille. Die Fähigkeit zu entscheiden.

Berechnung: Addieren Sie die Ergebnisse, die Sie für die Zahlen 1, 4 und 7 bei der Bildung der Persönlichkeit erhalten haben.

3.1.2. Zusätzliche Informationen

Die nächsten Positionen im Numerogramm liefern einige zusätzliche Informationen über die Persönlichkeit, ehe wir mit dem Studium des Schicksals beginnen.

Das Unbewusste

Bedeutung: Das, was wir unbewusst suchen, was wir unabsichtlich bewirken. Die mentale Programmierung, welche die Persönlichkeit formt.

Berechnung: Die Anzahl der Buchstaben im vollständigen Namen.

Das Unterbewusste

Bedeutung: Die Mechanismen der Persönlichkeit. Sie sind uns nicht unbekannt; aber sie laufen automatisch ab, also ohne bewussten Einfluss.

Berechnung: Ermitteln Sie zuerst, wie viele Zahlen in der Bildung der Persönlichkeit *nicht* enthalten sind. Ziehen Sie dann das Ergebnis von 9 ab. Falls Sie alle Zahlen in Ihrem Namen haben, ist die 9 die Zahl des Unterbewusstseins.

Regression

Bedeutung: Wenn Sie an Wiedergeburt glauben, gibt diese Position Ihnen einen Einblick in Ihr vergangenes Leben. Wenn Sie diese Theorie ablehnen, können Sie die Zahl als Zahl Ihrer Präexistenz betrachten (was immer Sie darunter verstehen).

Berechnung: Subtrahieren Sie die Zahlen Ihres Geburtsdatums: Jahr minus Monat minus Tag – im Vergleich zum Schicksalsweg das umgekehrte Verfahren.

Tarot

Bedeutung: Die Arkanen des Tarots (eine Große und eine Kleine Arkane) für den Menschen, den Sie mit dem Numerogramm beurteilen. Die Große Arkane symbolisiert die spirituelle Persönlichkeit, die Kleine Arkane zeigt alltägliche Züge. Manche Menschen haben nur eine Große Arkane, aber keine kleine.

Berechnung: Addieren Sie die Buchstaben jedes Namens separat (Beispiel: ADRIAN = 1 + 4 + 9 + 9 + 1+ 5 = 29). Ziehen Sie die Quersumme nur einmal. Addieren Sie dann dieses Ergebnis für jeden Namen (Vor- und Nachname). (Beispiel: ADRIAN = 29 = 11, und SMITH = 24 = 6; 11 + 6 = 17.) Hier ist die 17. Arkane, also der Stern, die Große Arkane von Adrian Smith.

Erbanlagen

Bedeutung: Merkmale, die wir von unseren Eltern geerbt haben.

Berechnung: Rechnen Sie wie bei der Zahl für die Arkane, und analysieren Sie den Nachnamen.

Erste Herausforderung

Bedeutung: Ein Problem, das meist in der ersten Lebenshälfte auftaucht.

Berechnung: Nehmen Sie die erste Quersumme Ihres Geburtstags, und ziehen Sie diese Zahl von der Monatszahl (der ersten Quersumme des Geburtsmonats) ab.

Zweite Herausforderung

Bedeutung: Wie die erste Herausforderung, aber für die zweite Lebenshälfte.

Berechnung: Gehen Sie wie zuvor vor und ziehen Sie den Geburtsmonat vom Geburtsjahr ab.

Karmische Herausforderung

Bedeutung: Die wichtigste Herausforderung im Leben. Diese Zahl symbolisiert die größte Schwierigkeit, die wir lösen müssen.

Berechnung: Ziehen Sie die erste von der zweiten Herausforderung ab (auch hier wieder die zusammengesetzten Zahlen).

3.1.3 Das Schicksal

Wenden wir uns nun der Entwicklung des Lebens und seiner Umstände zu.

Lebensphasen

Bedeutung: Die Analyse der wichtigsten Lebensphasen. Sie bestehen aus dem Pfad des Schicksals, den Zyklen und den Gipfelpunkten. Die beiden Letzteren sehen wir uns jetzt näher an.

Zyklen

Die Tatsachen des persönlichen Lebens und der Familie. Wie wir die Fakten des Lebens filtern, das heißt, wie wir in unser Leben eingreifen. In unserem Leben geschieht nämlich genau das, was wir wahrnehmen.

Es gibt 3 Zyklen:

1. Zyklus: Die Zahl des Geburtsmonats ist die Zahl des ersten Zyklus. Er beginnt mit der Geburt und endet im persönlichen Jahr 1, das dem 28. Geburtstag am nächsten liegt. Diese Formel bedarf einer Erläuterung: Das persönliche Jahr ist die Zahl, die ein ganzes Jahr regiert. Es gibt ein universelles Jahr: die Quersumme der offiziellen Zahl eines bestimmten Jahres. Das persönliche Jahr (PJ) ist das Ergebnis der Addition des Geburtstages und des Geburtsmonats plus eines spezifischen Jahres (nämlich die Jahreszahl des Lebensjahres, das Sie gerade genauer betrachten möchten). Es gibt PJ-Zyklen von 1 bis 9. Nach einem PJ 1 folgt also das PJ 2 oder 11, dann das PJ 3 und so weiter. Nach einem PJ 9 beginnt alles wieder bei 1. Infolgedessen haben wir mehr als eine persönliche Jahreszahl. Die Zahl 28 ist ein allgemeines Symbol für das Ende eines Zyklus in unserem Leben. Wenn wir das PJ 1 (ein Augenblick des Neubeginns) ermitteln, das dem 28. Geburtstag (dem allgemeinen Alter des Zykluswechsels) am nächsten liegt, nähern wir also den Zyklus der Lebenswirklichkeit des Menschen an, den wir beurteilen wollen – wir machen, wie schon der Name sagt, das PJ *persönlicher.*

Um einzutragen, bis zu welchem Lebensjahr die einzelnen Phasen andauern, ist es hilfreich, zunächst den gesamten Lebensweg auszufüllen. Dann ist es leicht möglich herauszufinden, welches PJ dem 28. Geburtstag am nächsten liegt.

2. Zyklus: Sein Symbol ist die Zahl des Geburtstages. Er beginnt während der vorherigen Monate des 1. Zyklus und endet während des PJ 1, das dem 56. Geburtstag am nächsten ist. Er dauert also von der II. bis zur IV. Phase.

3. Zyklus: Sein Symbol ist die Zahl des Geburtsjahres. Er beginnt etwa in den letzten Monaten des 2. Zyklus und dauert bis zum Tod.

Gipfel

Die äußeren Ereignisse des Lebens und die von außen kommenden Einflüsse: Freunde, Arbeit, Gesellschaft und Routine.

Es gibt 4 Gipfel:

1. Gipfel: Das Ergebnis der Addition des Geburtstages und des Geburtsmonats. Er beginnt mit der Geburt und endet mit dem Ende des ersten Zyklus. Ein paar Beispiele für diese und die folgenden Berechnungen folgen weiter unten.

2. Gipfel: Addieren Sie den Tag und das Jahr der Geburt, und Sie erhalten die Zahl für diesen Gipfel. Er beginnt etwa am Ende des ersten Gipfels und endet 9 Jahre später.

3. Gipfel: Addieren Sie den ersten und zweiten Gipfel, um die Zahl des dritten zu finden, der ebenfalls 9 Jahre dauert.

4. Gipfel: Addieren Sie den Monat und das Jahr der Geburt, um die Zahl des vierten Gipfels zu erhalten, der gegen Ende des dritten Gipfels beginnt (also mit der IV. Lebensphase) und bis zum Tod dauert.

Schreiben Sie die Zahlen des Schicksals, die Zahlen der Zyklen und der Gipfel nebeneinander wie in den folgenden Beispielen. Dann sind die Verbindungen zwischen ihnen leichter zu erkennen.

Der Lebensweg

Bedeutung: Liefert Einzelheiten über die Tendenzen im Leben (Jahr für Jahr) und zeigt den Transit der Buchstaben und Zahlen sowie die Einflüsse, denen wir ausgesetzt sind.

Berechnung: Schreiben Sie Ihren Geburtstag und danach die Daten, die Sie untersuchen wollen, in die Spalte *Daten.* Tragen Sie dann die Evolution Ihres Alters in die nächste Spalte *(Alter)* ein, beginnend mit 0. In die Spalte *Transit der Buchstaben* schreiben Sie alle Buchstaben Ihres Vornamens in eine Unterspalte. Dabei wiederholen Sie jeden Buchstaben gemäß seinem Zahlwert. Das gleiche Prinzip wenden Sie auf den zweiten Vornamen in einer zweiten Unterspalte an; dann folgen die weiteren Namen.

In der Spalte *Essenz* addieren Sie alle Buchstaben des Transits (d.h. alle Buchstaben der Horizontalen, so dass Sie einen Buchstaben für jeden Namen erhalten). Beginnen Sie gegebenenfalls wieder mit dem ersten Buchstaben des jeweiligen Namens. Die Zahl der Essenz zeigt, wie Sie auf die Realität der persönlichen Jahre reagieren.

Alle diese Informationen enthüllen die Persönlichkeit und das Leben. Nun wollen wir diese Daten interpretieren.

3.2 Deutung

Damit Sie mit der praktischen Arbeit beginnen können, wollen wir uns nun drei Beispiele ansehen. Zuerst sollten Sie die Numerogramme berechnen und dann anhand der Beispiele prüfen, ob sie korrekt sind. Danach können Sie die Deutung, die ich vorlege, als Vorschlag und Anfang auffassen, nie als festgelegte Tatsache. Die Deutung eines Numerogramms ist manchmal so privat, dass man sie nur dem Menschen erläutern kann, um den es geht. Die Deutung der Numerogramme für den Magier und Autor Aleister Crowley und den Popstar Madonna sind daher nur Anhaltspunkte für eine tiefere Analyse, die im Rahmen dieses Buches sinnlos, wenn nicht unangemessen wäre. Selbst wenn wir unterstellen, dass bekannte Persönlichkeiten ihren Ruhm mit einem Mangel an Privatsphäre bezahlen müssen, ist es meiner Meinung nach nicht erlaubt, in ihre Intimsphäre einzudringen. Meine Deutung basiert auf allgemein bekannten biografischen Fakten; doch empfindsame Leser können weitere Feinheiten entdecken und ihre eigene Interpretation damit ergänzen. Es gibt viele Möglichkeiten, ein und dasselbe Phänomen zu beschreiben, und alle sind auf ihre Weise genau. Das Gleiche gilt für die Deutung von Zahlen und Buchstaben eines Numerogramms: Wir müssen den Eindruck haben, die Archetypen der Zahl wieder zu erkennen, und die Merkmale der einzelnen Symbole sollten ein harmonisches Ganzes bilden: aber der Schwerpunkt und die Worte, mit denen die Merkmale beschrieben werden, ist bei allen Interpreten unterschiedlich. Und das ist gut so, denn es gibt zwar nur eine Wahrheit, aber unendlich viele Möglichkeiten, sie auszudrücken.

Numerogramm 1

Wer sich mit Okkultismus befasst, kennt Aleister Crowley, einerlei, ob er ihn sympathisch oder unsympathisch findet. Deshalb und auch, weil sein Leben recht gut dokumentiert ist, halte ich sein Numerogramm für ein interessantes Beispiel.

ALEISTER CROWLEY
(Magier, Autor, Bergsteiger)
Vollständiger ursprünglicher Name:
EDWARD ALEXANDER CROWLEY
Geboren am 12.10.1875, gestorben am 1.12.1947

Esoterische Zahl 46/10/1 Herausforderung 2
Die erste Position, die wir im Numerogramm deuten, ist die Persönlichkeit. Wenn wir mit der esoterischen Zahl anfangen, stoßen wir sofort auf das Fundament der Persönlichkeit. Danach ist es einfacher, die anderen Informationen zu verstehen.

Crowley scheint ein sehr dominierender, aber melancholischer Mensch gewesen zu sein. Dieser Kombination zufolge hat er andere eher überzeugt als autoritär manipuliert. Er war ein väterlicher Typ, aber streng. Sein Name enthüllt eine gewisse Vorliebe für Herausforderungen, die seine Dominanz betreffen, und eine Neigung, Risiken einzugehen, um sich selbst zu bestätigen. Crowley war als hervorragender Bergsteiger bekannt, hielt aber nicht viel von Training und guter Vorbereitung. Er wollte unbedingt klettern, und darum wagte er sich an hohe Berge und bestieg sie sogar – im Gegensatz zu vielen seiner Partner.

Exoterische Zahl 59/14/5 Herausforderung 1
Keine andere Zahl hätte Crowleys öffentliche Persona besser ausdrücken können als die 14, eine Zahl voller radikaler Widersprüche. Sie lässt auf einen Menschen mit schlechtem Ruf schließen, der wegen seiner zwiespältigen Persönlichkeit als sonderbar und exzentrisch, aber auch als respektabel gilt. Die 14 ist der unausgewogene Aspekt der 5; sie findet ihr Gleichgewicht durch Ungleichgewichte. Die Herausforderung weist darauf hin, dass es für Crowley schwer war, von der Gesellschaft akzeptiert zu werden. Er versuchte immer, durch Magick und Kunst berühmt zu werden, aber er wurde als „sündigster Mensch der Welt" und „Antichrist"

berüchtigt. Die 5 ist auch eine Zahl der sexuellen Anziehungskraft, und das ist eine der bekanntesten Eigenschaften Crowleys.

Synthese 105/6 Herausforderung 3

Crowleys Sternzeichen war die Waage, die der 6 zugeordnet ist. Sie bestätigt seinen Hang zu raffinierten Vergnügungen, seine Dandyhaftigkeit und seine emotionalen und leidenschaftlichen Aspekte. Die Herausforderung unterstreicht, dass er oft falsch beurteilt wurde; denn sie zeigt, dass es ihm schwer fiel, sich klar auszudrücken und verständlich zu machen. Das erklärt vielleicht, warum er so weitschweifig war – er wollte sich mitteilen. Das Missverständnis lag jedoch darin, dass Crowley jedes Ritual als Magick darstellte, mit dem Adonai, der heilige Schutzengel angerufen werden sollte. Alle Rituale, die nicht dieses Ziel verfolgten, hielt er für schwarze Magie. Dennoch galt er als Schwarzmagier, und viele glauben das heute noch.

Die 6 spiegelt zudem seine kreative Seite wider: Er war ein großer Dichter und Schriftsteller, aber auch ein Künstler mit einem hinreißenden naiven Stil.

Schicksalsweg 1897/25/7

Dies ist der Pfad des Magiers, der sich in seiner eigenen Welt isoliert, um die äußere Welt zu verstehen. Die 25 symbolisiert die Verbindung des Heiligen mit dem Profanen, die Vernichtung des Manichäismus.

Crowleys ganzer Weg bestand darin, Gott und den Dämon zu vereinigen, ohne irgendwelche Widersprüche oder Teilungen. Menschen mit der 7 als Schicksalszahl finden den Sinn ihres Lebens nur in Büchern, Studien, Gelehrsamkeit, Religion und Metaphysik. Darin war Crowley Experte.

Entscheidung 28/10/1 Herausforderung 1

Hier sehen wir das Zeichen des Führers, des Diktators und des Narzisten. Aber die 28 „rechtfertigt" die Autorität der 1, da sie die 1 mit guten Absichten und Motiven unterlegt. Dennoch betont die 1 als Herausforderung das Risiko, in die Falle der Eitelkeit zu tappen.

2. Entscheidung 39/12/3 - Schatten 13/4

Unter dem spirituellen Führer finden wir den Künstler und Schelm, ein verspieltes Kind. Sein tiefer, verborgener und unheilvollster Aspekt war die Realität des Todes und der Transformation. Die größte Buße für diese

Furcht war vielleicht, dass er der Begründer einer Philosophie wie Thelema war, deren Wahlspruch lautete: „Der Tod ist die Krone von allem."

Dharma 2002/4 – Karma 2060/8

Die Dharma-Zahl, das Symbol unserer Aufgabe auf Erden, zeigt bei Crowley, dass er lernen sollte, unter Druck und trotz aller Einschränkungen für eine Idee zu arbeiten. In der Tat widmete er sein ganzes Leben einer sehr schwierigen Aufgabe: dem Kampf für die Freiheit des Ausdrucks. Für einen modernen Popstar mag das einfach sein, nicht aber für einen „Zauberer" im viktorianischen England.

Meiner Erfahrung nach taucht die 8 als Karmazahl oft bei Menschen auf, die einigen Wohlstand erworben haben (Crowley erbte eine hübsche Geldsumme von einer Tante).

Essenz 4 – Gleichgewicht 9

Die Essenzzahl 4 bestätigt Crowleys Strenge und Disziplin, die es ihm ermöglichten, komplizierte Yogatechniken zu meistern, zum Beispiel Asanas und Pranayama. Außerdem unterstreicht sie eine gewisse Moralität – gegen die er so sehr ankämpfte. Er wusste, dass seine Erziehung ihn nicht nur Disziplin gelehrt, sondern ihm auch Zwänge auferlegt hatte, gegen die er sich sein Leben lang blindlings auflehnte.

Sein Gleichgewicht kommt in Gestalt großer Unruhe. Er wollte immer aktiv sein und etwas Neues, Originelles, Dramatisches vollbringen. Seine Beschäftigung mit den astralen Welten und seine Aktivitäten als Jäger und Alpinist spiegeln sein Bedürfnis wider, durch körperliche Bewegung ausgeglichener zu werden.

Stress 40/4 Herzzahl 5

Diese Kombination deutet an, dass Crowley sich in kritischen Momenten oft von der Vernunft und nicht von Gefühlen und Intuition leiten ließ. Dennoch weist die 5 auf große Anpassungs- und Wandlungsfähigkeit hin. Seine Taten bestätigen diesen scheinbaren Widerspruch, denn ihre Logik liegt darin, dass er versuchte, neutral zu bleiben, das heißt, nichts als „gut" oder „böse" vorauszusetzen.

Fundament 5 – Willenskraft 4

Auch hier ist der vermeintliche Widerspruch erkennbar. Crowley war völlig unberechenbar, wenn er mit seinen Projekten begann; doch in der Regel beendete er sie. Die 5 weist auf widerstreitende Interessen hin, die 4 auf die Fähigkeit, konkrete Ergebnisse zu erzielen: Er schrieb mehrere Bücher über verschiedene Themen in unterschiedlichem Stil, studierte Literatur und alte Sprachen, trieb Sport und so weiter.

Die Bildung der Persönlichkeit

eins: 3 / zwei: - / drei: 3
vier: 3 / fünf: 7 / sechs: 2
sieben: 1 / acht: - / neun: 3

Die fehlende 2 deutet auf Schwierigkeiten hin, sich in eine sehr enge und monogame Beziehung einzufügen. Crowleys viele Freundinnen und Partner(innen) bei der Magick bestätigen das. Auch hier finden wir den Hinweis auf ein starkes Ich: Die 1 erscheint dreimal, die 2 gar nicht.

Die 8 fehlt ebenfalls, was auf einen schwierigen Umgang mit Geld schließen lässt. Auch das trifft zu, denn Crowley schaffte es, das geerbte Geld vollständig für die Veröffentlichung seiner Bücher, die Erarbeitung verschiedener Rituale, Reisen, Trinken usw. auszugeben, so dass er am Ende seines Lebens keinen Pfennig mehr hatte.

Die 5 ist am stärksten vertreten. Sie spiegelt seine starke Libido und seine Freude am Sport und am Reisen wider.

Selbst: 6 – Paar: 12 – andere: 4

Mit seinem entflammten Ich hatte er großes Talent für Partnerschaften, besonders für Gruppen und Freundschaften. Andererseits hatte seine Großzügigkeit enge Grenzen: Er schrieb einmal, das Leben eines Menschen zu erleichtern, bedeute, ihn zu beleidigen, weil jeder Mensch Gott sei und daher die natürliche Fähigkeit besitze, Probleme selbst zu lösen.

Kreativität: 8 – Impuls: 7 – Wille: 7

Crowley war sehr kreativ und besaß zudem einen starken Charakter und einen starken Willen. Das alles machte ihn gewiss zu einem starrsinnigen Menschen.

Das Unbewusste: 7 – Das Unterbewusste: 22

Beide Zahlen zeigen, dass Crowley darauf versessen war, den Berg der Seele zu erklimmen.

Regression: 1853/17/8

Man kann hier von Erinnerungen an vergangene Leben oder vom genetischen Gedächtnis sprechen. Wie dem auch sei, die 17 deutet auf einen sehr objektiven Menschen hin, der es gewohnt war, mit Gesetzen, Zeremonien, Riten, Papieren, Dokumenten und Ähnlichem umzugehen. Diese Position erfordert wie alle anderen im Numerogramm ein sorgfältiges Studium der Zahlen und ihres Ortes im Numerogramm, damit sie einen Sinn ergeben. Übrigens behauptete Crowley, er sei der wiedergeborene berühmte Okkultist Eliphas Levi.

Tarotkarten: Die Liebenden und 10 Stäbe

Die „Liebenden" symbolisieren zwei Wege: Eva und Lilith, richtig und falsch. Beide führen zum selben Ziel. Diese Arkane ist zugleich ein Symbol der Freude, die man spürt, wenn man sich verliebt. Sie ist wirklich eine romantische Karte. Die Zehn der Stäbe steht für eine Blockade beim Entwickeln spiritueller Ideen – zweifellos die größte Herausforderung in Crowleys Leben.

Erbanlagen: 38/11

Crowleys Familienname trägt das ganze Gewicht der 11, der Zahl der Magick. Sie erklärt auch den Fanatismus seiner Eltern: Die 11 kann fanatisch sein, und es kommt darauf an, diese Energie in die richtigen Wege zu leiten.

Erste Herausforderung: 2 – Zweite Herausforderung: 20/2
Karmische Herausforderung: 18/9

Die Zahlen 2 und 18 sind beide dem Mond zugeordnet und bezeugen Crowleys schwierige Beziehungen zu Frauen. Auch sein Verhältnis zur Mutter war nicht angenehm. Als Erwachsener wechselte er ständig seine Partnerinnen, und man sagt, er sei nicht so romantisch mit ihnen umgegangen, wie er es in einigen seiner Gedichte beschrieben habe.

Lebensphasen

Phase 1: Schicksal 25/7, Zyklus 10/1, Gipfel 22
(von der Geburt bis zum 29. Geburtstag)

Die 22 steht für eine Umwelt, die zu viel verlangt, vor allem in den ersten Jahren. Nur willensstarke Menschen halten einem solchen Druck stand. Auch zu Hause ging es rau zu, obwohl die 10 etwas Positives über den Vater andeutet (als er starb, verlor Crowley das einzige vernünftige Vorbild in der Familie. Er war damals noch kein Teenager und wurde fortan von einem Onkel erzogen, den der junge Edward Alexander verabscheute).

Das Milieu war also unangenehm, aber die 25 bedeutet mentalen Widerstand, und die 1 symbolisiert körperliche Kraft. Als Crowley in den zwanziger Jahren die Familie verließ, um in Cambridge zu studieren, war er endlich frei und konnte mit der 22 optimal umgehen, also seine höheren Ambitionen befriedigen. Er lebte noch in dieser Phase, als er *Liber Al* schrieb, sein wichtigstes Werk.

Phase 2: Schicksal 25/7, Zyklus 12/3, Gipfel 1887/24/6
(vom 29. bis zum 38. Geburtstag)

Diese Phase sieht etwas konfus aus. Nachdem Crowley den Beginn einer neuen Ära verkündet hatte (den Auftrag dazu hatte er durch Channelling erhalten), widerrief er diese Aussage. Anfangs lehnte er auch *Liber AL* entschieden ab. Doch selbst in dieser Phase begann er – vielleicht unbewusst –, die Idee von Thelema und vom neuen Äon zu fördern. Das war ein großes Opfer, nicht nur finanziell, sondern auch, was sein persönliches Leben anbelangt – er wurde zum Ausgestoßenen. Die Presse verfolgte ihn unerbittlich. Die Zahl des Gipfels können wir auf seine problematischen Affären mit Frauen und Männern beziehen, aber gewiss auch auf den Verlust seiner beiden Töchter Poupée und Lilith Jezebel Nuith. Es war eine Phase großen Leidens, wie Crowley selbst in seinem Tagebuch berichtete.

Phase 3: Schicksal 25/7, Zyklus 12/3, Gipfel 1909/19/1
(vom 38. bis zum 47. Geburtstag)

Das war eine ungemütliche Phase, nicht so schwierig wie die vorigen, aber noch kontroverser. Die 19 steht für heftigen Streit mit Führern und mächtigen Leuten. Das kann damit zusammenhängen, dass Crowley von Mussolini aus Italien vertrieben wurde, nachdem Raul Loveday während eines Rituals im Kloster Thelema auf Sizilien gestorben war. Das ist nur ein einziges Beispiel; aber Crowley hat sein Leben lang mit Autoritäten gestritten, besonders in dieser Phase.

Phase 4: Schicksal 25/7, Zyklus 12/3, Gipfel 1885/22
(vom 47. bis zum 57. Geburtstag)

Die äußeren Schwierigkeiten, vor allem auf der spirituellen Ebene, spiegeln sich in der 22 wider. Dennoch finden wir hier eine starke Konzentration, dank der Konjunktion zwischen 22 und 25. Andererseits neigte Crowley als Erwachsener ständig dazu, sich aufzuopfern. In gewissem Sinne gehörte sein Leben nicht mehr ihm, denn er beschloss, es seinem Ziel zu widmen: der Antichrist zu werden (so wie er ihn verstand), der die Menschen aus ihrer religiösen Unwissenheit erlösen sollte. Dennoch war Thelema durchaus nicht gegen Jesus. Die Riten dieser Gemeinschaft spielen sogar respektvoll auf Jesus als Mythos oder Gottheit an. Der Antichrist ist also nur für jene Religionen und Menschen eine Bedrohung, die Jesu Botschaft verraten und verzerren; sie opfern Jesus immer noch, so wie Seth den Osiris opferte und dessen Sohn Horus (oder Ra-Hoor-Khuit oder womöglich den Antichristen) dazu veranlasste, den Vater zu rächen. Crowley hatte jedoch einige materielle und soziale Probleme, und dennoch bemühte er sich, seine Mission zu erfüllen. Mehr noch: Die 22 deutet wahrscheinlich auf seine Probleme mit Heroin und Alkohol hin.

Phase 5: Schicksal 25/7, Zyklus 1875/21/3, Gipfel 1885/22
(vom 57. Geburtstag an)

Der einzige Unterschied zwischen dieser Phase und der vorigen besteht darin, dass die 3 hier aus der 21 hervorgeht, nicht aus der 12. Das machte es für Crowley leichter, mit dem Druck der Initiation und aller seiner Aktivitäten zurecht zu kommen; denn der Blickwinkel der 21 ist im Vergleich mit der 12 größer.

DER LEBENSWEG

Daten	Alter	Transit der Buchstaben	Essenz	persönliches Jahr
12.10.1875	00	E * A * C	09	25/7
12.10.1876	01	E * L * C	11	26/8
12.10.1877	02	E * L * C	11	27/9
12.10.1878	03	E * L * R	17/8	10/1
12.10.1879	04	E * E * R	19/1	11
12.10.1880	05	D * E * R	18/9	12/3
12.10.1881	06	D * E * R	18/9	13/4
12.10.1882	07	D * E * R	18/9	14/5
12.10.1883	08	D * E * R	18/9	15/6
12.10.1884	09	W * X * R	20/2	16/7
12.10.1885	10	W * X * R	20/2	17/8
12.10.1886	11	W * X * R	20/2	18/9
12.10.1887	12	W * X * O	17/8	19/1
12.10.1888	13	W * X * O	17/8	11
12.10.1889	14	A * X * O	13/4	12/3
12.10.1890	15	R * A * O	16/7	13/4
12.10.1891	16	R * N * O	20/2	14/5
12.10.1892	17	R * N * O	20/2	15/6
12.10.1893	18	R * N * W	19/1	16/7
12.10.1894	19	R * N * W	19/1	17/8
12.10.1895	20	R * N * W	19/1	18/9
12.10.1896	21	R * D * W	18/9	19/1
12.10.1897	22	R * D * W	18/9	20/2
12.10.1898	23	R * D * L	16/7	12/3
12.10.1899	24	D * D * L	11	13/4
12.10.1900	25	D * E * L	12/3	14/5
12.10.1901	26	D * E * E	14/5	15/6
12.10.1902	27	D * E * E	14/5	16/7
12.10.1903	28	E * E * E	15/6	17/8
12.10.1904	29	E * E * E	15/6	18/9
12.10.1905	30	E * R * E	19/1	19/1
12.10.1906	31	E * R * Y	21/3	20/2

Fortsetzung

Daten	Alter	Transit der Buchstaben	Essenz	persönliches Jahr
12.10.1907	32	E * R * Y	21/3	21/3
12.10.1908	33	D * R * Y	20/2	13/4
12.10.1909	34	D * R * Y	20/2	14/5
12.10.1910	35	D * R * Y	20/2	15/6
12.10.1911	36	D * R * Y	20/2	16/7
12.10.1912	37	W * R * Y	21/3	17/8
12.10.1913	38	W * R * C	17/8	18/9
12.10.1914	39	W * A * C	09	19/1
12.10.1915	40	W * L * C	11	20/2
12.10.1916	41	W * L * R	17/8	21/3
12.10.1917	42	A * L * R	13/4	22
12.10.1918	43	R * E * R	23/5	14/5
12.10.1919	44	R * E * R	23/5	15/6
12.10.1920	45	R * E * R	23/5	16/7
12.10.1921	46	R * E * R	23/5	17/8
12.10.1922	47	R * E * R	23/5	18/9
12.10.1923	48	R * X * R	24/6	19/1
12.10.1924	49	R * X * R	24/6	20/2
12.10.1925	50	R * X * O	21/3	21/3
12.10.1926	51	R * X * O	21/3	22
12.10.1927	52	D * X * O	16/7	23/5
12.10.1928	53	D * X * O	16/7	15/6
12.10.1929	54	D * A * O	11	16/7
12.10.1930	55	D * N * O	15/6	17/8
12.10.1931	56	E * N * W	15/6	18/9
12.10.1932	57	E * N * W	15/6	19/1
12.10.1933	58	E * N * W	15/6	20/2
12.10.1934	59	E * N * W	15/6	21/3
12.10.1935	60	E * D * W	14/5	22
12.10.1936	61	D * D * L	11	23/5
12.10.1937	62	D * D * L	11	24/6
12.10.1938	63	D * D * L	11	16/7

Fortsetzung

Daten	Alter	Transit der Buchstaben	Essenz	persönliches Jahr
12.10.1939	64	D * E * E	14/5	17/8
12.10.1940	65	W * E * E	15/6	18/9
12.10.1941	66	W * E * E	15/6	19/1
12.10.1942	67	W * E * E	15/6	20/2
12.10.1943	68	W * E * E	15/6	21/3
12.10.1944	69	W * R * Y	21/3	22
12.10.1945	70	A * R * Y	17/8	23/5
12.10.1946	71	R * R * Y	25/7	24/6
12.10.1947	72	R * R * Y	25/7	25/7

Untersuchen wir nun einige auffällige Merkmale, die mit dem Lebensweg zusammenhängen:

- Die Konjunktion EE im Alter von 4 Jahren deutet auf falsche Ansichten über Moral und Sexualität hin. Eine große und dominierende Persönlichkeit (19/1 gilt in der Regel als Vater oder männliche Autorität) übertrug diese Schwingungen auf den jungen Edward. Aber diese Person hätte auch eine sehr grobe Frau sein können – und genau das war seine Mutter.
- Der Buchstabe X in der emotionalen Position um das Jahr 1887 steht für Leid in der Familie. Crowleys Vater starb in dieser Phase, und Crowley wurde danach von einem Onkel erzogen (beachten Sie die Zahl 19/1). Crowley nannte diese Zeit „Kindheit in der Hölle".
- Im Jahr 1898, während einer Konjunktion zwischen 16/7 und 12/3 wurde Crowley in den einflussreichen mystischen Orden Golden Dawn („Goldene Morgendämmerung") initiiert. Beachten Sie, dass die 16 einige zerstörerische Schwingungen ausstrahlt – es ist oft eine „positive" und „natürliche" Art der Zerstörung, etwa der Abbruch eines alten Hauses, um Platz für ein neues zu schaffen. Das L auf der spirituellen Ebene betont eine Erneuerung in dieser Phase (es ist wohlbekannt, dass der Golden Dawn das Fundament war, auf dem Crowley sein System aufbaute).

- Um 1899 und 1900 wehrten sich einige Mitglieder des Golden Dawn heftig gegen den schnellen Aufstieg Crowleys durch alle Grade des Ordens (der ohne Beispiel war), denn sie hielten Crowley für einen Spinner. Es gelang ihnen, seine Ernennung zum Adeptus Minor zu blockieren (beachten Sie die Konjunktion zwischen DD und 13/4, die Hemmung, Hindernis, Enttäuschung, Unterdrückung bedeutet). Dennoch initiierte McGregor Mathers, der Führer des Ordens, Crowley kraft seines Amtes, was zu einer Spaltung des Ordens führte. Beachten Sie die Konjunktion 12/3 und 14/5.
- Während der Konjunktion EE plus 15/6 und 17/8 empfing Crowley in Kairo *Liber Al.* Er bestand darauf, dass ihm dieses Werk medial übermittelt worden sei, als er Aiwass zugehört habe, dem Boten des Horus, den Crowley für seinen Schutzengel hielt. Aiwass habe seinerseits eine Botschaft von Nuit übermittelt (Nuit ist im Tarot die 17. Arkane). Horus ist ein rachsüchtiger und leidenschaftlicher Gott. Die EE-Konjunktion deutet auf einen großen Wandel hin, aber auch auf viel Sex und Experimentieren.
- Als Crowley 32 war – während der Konjunktion 21/3 –, gründete er seinen eigenen Orden, nachdem er den Golden Dawn verlassen hatte. Der neue Orden hieß A.'A.' (Argenteum Astrum) und basierte auf der Offenbarung Thelemas und des neuen Äons (wie alles, was Crowley seither schuf).
- Im Jahr 1909, während des Transits der 14/5 (der radikale Freiheit widerspiegelt), veröffentlichte er die Geheimnisse des Golden Dawn, was den Orden schließlich zerstörte. In diesem Jahr ließ er sich außerdem von seiner Frau Rose Kelly scheiden.
- Im Jahr 1912, während des Transits 21/3, 16/7 und 17/8, wurde Crowley zum Outer Head („großen Führer") des Ordens O.T.O in den englischsprachigen Ländern und später (1925) auf der ganzen Welt ernannt.
- Während des Transits der 11 und der 20/2 (die Zahlen der Nuit und des neuen Äons) erwarb er den Titel eines Magus im A.'A.'
- Im April 1920, während der Konjunktion 23/5 und 15/6 (eine widersprüchliche und explosive Kombination), gründete Crowley das Kloster Cefalu in Sizilien. 1923 (Konjunktion 24/6 und 19/1) wurde er aus Italien ausgewiesen.
- 1925 symbolisiert eine weitere 21/3-Konjunktion (sie ist in der Regel „günstig") einen großen Schritt für den Magier Aleister Crowley: Er wurde Outer Head der Welt.

- Während des Transits des D in der materiellen Spalte (52. bis 56. Lebensjahr), vor allem in seinem persönlichen Jahr 16/7, wurde er aus Frankreich ausgewiesen, weil er angeblich mit den Nazis zusammenarbeitete.
- Zwischen dem 43. und 50. Lebensjahr weist eine RR-Konjunktion auf Spannungen, Instabilität und vielleicht Unfälle hin. Zwischen 1936 und 1939 lässt die DD-Konjunktion auf Geldmangel schließen.
- Zwischen dem 64. und 68. Lebensjahr deutet die EE-Konjunktion auf viele Aktivitäten hin, aber auch auf Angst und Mangel an Selbstvertrauen. Damals hatte er kein Geld mehr, und sein Bankrott hatte ihn niedergedrückt.
- Während der Konjunktion 25/7 (sein Schicksalsweg, das Symbol des Magus, mit Abrasax assoziiert) starb Crowley, dieser einflussreiche und sonderbare Vertreter des modernen Okkultismus, an Bronchitis und Herzbeschwerden.

Numerogramm 2

Ich fand es interessant, das Numerogramm von Madonna zu analysieren, da sie sehr populär ist und eine starke Persönlichkeit hat. Dank ihres Ruhmes steht sie ständig im Rampenlicht, so dass es einfach ist nachzuprüfen, ob unsere Berechnungen stimmen.

MADONNA
(Popsängerin, Schauspielerin)
Vollständiger Name:
MADONNA LOUISE VERONICA CICCONE
Geboren am 16.8.1958

Esoterische Zahl 72/9 – Herausforderung 4
Die 9 deutet auf Größe, Übertreibung und Kommunikation hin. Man sieht, dass sie nach Aufmerksamkeit lechzt. Wahrscheinlich nannten ihre Geschwister sie deshalb *The Mouth* („Der Mund"): Sie kreischte oft, um Zuwendung zu erhalten. Zwischen der disziplinierten 4 und der schnellen Energie der 9 besteht ein großer Kontrast. Deshalb strebte sie nach Größe und Ausdruck in enormem Ausmaß (eine Emanation der 9), jedoch auf disziplinierte und hartnäckige Art. Die Herausforderung 4 symbolisiert eine moralische Stimme in ihrem emotionalen Wesen, und in der Tat sagte sie einmal, sie wolle mit allem, was sie tue – selbst mit ihrer Aufsässigkeit – die Aufmerksamkeit ihres Vaters erringen. Die 9 ist zudem eine Zahl der Vielfalt. Darum wechselt Madonna häufig ihre Kleidung und probiert verschiedene Medien aus, um ihre Meinung zu sagen.

Exoterische Zahl 57/12/3 – Herausforderung 1
Synthese 129/12/3 – Herausforderung 5
Die 3 ist Madonnas bestes Symbol, denn sie ist vor allem eine Entertainerin und eine Kommunikatorin. Gute Kommunikation ist eines der Hauptmerkmale der 3. Außerdem ist die 3 das Kind, und Madonna scheint in der Tat bisweilen ein freches kleines Kind zu sein. Ihr Humor passt ebenfalls zur 3, die für Spaß, Freude, Glück und Feiern steht. Die Herausforderung 1 deutet darauf hin, dass das Ich ihren Humor manchmal unterdrückt.

Die gleiche Zahl symbolisiert die exoterische Zahl und die Synthese. Das lässt auf eine ausgeprägte Persönlichkeit schließen – Madonna weiß genau, was sie will. Das Opfer und die Anspannung der 12 erklärt ihre enorme Disziplin. Ihre berufliche Herausforderung ist die 1. Das heißt, sie bemüht sich, als Frau in einer von Männern beherrschten Branche erfolgreich zu sein. Die 5 ist die nächste Herausforderung; sie deutet an, dass Madonna Dreistigkeit als Strategie benutzt.

Schicksalsweg 1982/20/2

Erneut bestätigt die 3 Madonnas Essenz. Der Weg ist für ihre Persönlichkeit breit und offen, so dass sie ihre beruflichen (exoterische Zahl) und persönlichen (Synthese) Ziele leicht erreichen kann. Gleichzeitig betont diese Zahl ihren kindischen und egozentrischen Charakter. Die 3 ist auch das Kind, und Madonna hat in Interviews immer erklärt, Mutterschaft sei für sie sehr wichtig. Als sie ihre Tochter Lourdes bekam, bemerkten alle, dass ihr Horizont sich weitete und ihre Interessen tiefer und komplexer wurden. Einige Jahre nach Lourdes' Geburt heiratete Madonna – aber nicht den Vater ihrer Tochter, sondern den britischen Filmemacher Guy Pearce – und gebar einen Sohn, den sie Rocco nannte. Danach schrieb sie Bücher für Kinder, und es fällt auf, dass die Symbolik der Zahl 3 Madonnas Leben prägt.

Entscheidung 26/8 – Herausforderung 3
2. Entscheidung 27/9 und 42/6 – Schatten 15/6

Geschäftssinn ist eindeutig ein Teil ihrer Strategie. Ihre Entscheidungszahl deutet an, dass dieses Talent ihre Entscheidungen immer beeinflusst hat. Manche nennen es vielleicht Opportunismus, aber es ist typisch für die 8, alles aus dem geschäftlichen Blickwinkel zu sehen. Die Herausforderung ist für sie nicht schwer zu bewältigen, und die zweite Entscheidung bringt sie noch weiter voran.

Ihre Familie (Schatten 6) ist nur der Schatten hinter ihrer Einstellung (der Tod ihrer Mutter – Madonna war damals 5 - belastete sie sehr; ihren Vater bewundert sie, rebelliert aber auch gegen ihn).

Dharma 2111/5 – Karma 2199/21/3

Madonnas wahre Mission, ihre Aufgabe, liegt darin, sich immer wieder zu ändern. Das erklärt ihre vielen Facetten und Talente (Sängerin, Komponistin, Entertainerin, Tänzerin, Schauspielerin, Autorin, Geschäftsfrau) und sogar ihr ständig wechselndes Erscheinungsbild ziemlich gut. Sie heiratete einen Engländer, und der Vater ihrer Tochter ist ein Lateinamerikaner – beide sind Ausländer. Ihre Karmazahl 21/3 unterstreicht erneut ihre künstlerische Natur, die ihr immer wieder von großem Nutzen ist.

Essenz 10/1 – Gleichgewicht 14/5
Stresszahl 42/6 – Herzzahl 1

Madonnas größter Ehrgeiz und ihre Sensibilität werden von der 1 symbolisiert. Das bestätigt ihr starkes Ich und ihren fordernden Charakter. Die 1 spiegelt auch den Archetyp des Vaters tief in ihrem Unbewussten wider.

Ihr Gleichgewicht findet sie durch Sinnesreize. Ästhetik und Sex sind die Widerspiegelung der 14, einer Zahl, die auf eine Abhängigkeit hindeutet, auf eine Besessenheit, die meist – aber nicht immer – Drogen betrifft oder zumindest etwas, was die Sinneswahrnehmung beeinflusst. Die 14 schließt Höhen und Tiefen ein, Phasen der Unmoral und der Strafe. Das alles geht mit starken Schuldgefühlen einher – ihre katholischen Wurzeln sind deutlich erkennbar, trotz ihrer kritischen Einstellung zur Kirche und zum Papst in den achtziger und neunziger Jahren. Heute ist sie insofern recht tolerant, vielleicht weil sie immer religiöser wird. Allerdings vertieft sie sich nicht in die Bibel, sondern in die jüdische Kabbala.

Ihre Stresszahl zeigt eine Neigung zur Emotionalität. Trotz ihrer Sinnlichkeit ist Sex keine Besessenheit per se. Typisch für sie ist vielmehr die Provokation, die Lust am Provozieren mit dem Ziel, ihre Anfälligkeit für Dogmen zu überwinden.

Fundament 13/4 – Willenskraft 1

Hier fallen Disziplin und Arbeitssucht auf. Madonna sagte einmal in einem Interview mit der Zeitschrift *Vanity Fair,* wer nicht bereit sei, für ein Ziel zu sterben, solle es vergessen. Es passt zur 13, den Tod als Maßstab zu verwenden.

Das Fundament der Persönlichkeit

eins: 4 / zwei: - / drei: 6
vier: 3 / fünf: 7 / sechs: 4
sieben: - / acht: - / neun: 4
Selbst: 10 – Paar: 14 – andere: 4

Kreativität: 14 – Impuls: 7 – Wille 7
Das Unterbewusste: 6 – Das Unbewusste: 28/1

Es scheint, dass der Umgang mit Madonna sehr aufregend und auch etwas schwierig ist. Sie hat keine 8 – eine Ironie für eine Frau, die als *material Girl* bekannt ist. Das lässt darauf schließen, dass sie ihr geschäftliches Talent mehr ihrem großen Einsatz (Entscheidungszahl) zu verdanken hat als einer natürlichen Fähigkeit. Ihr Geschäftssinn beruht also auf Erfahrung und Notwendigkeit und ist keine angeborene Begabung.

Das Fehlen der 7 zeigt, dass es Madonna sehr schwer fällt, allein zu sein, und dass sie Vorbehalte gegen die Religion hat (obwohl sie sich kürzlich der Mystik zugewandt hat: Sie ist kein Mensch, der sich Regeln aufzwingen lässst). Aber eine Religion kann die Aufnahme in eine Gruppe erleichtern, und dieser Umstand könnte Madonna veranlassen, ihre Ablehnung zu überwinden.

Die 3 kommt häufig vor und bestätigt, dass Madonna spontan, humorvoll, frech, kreativ, unterhaltsam, kindisch und jovial ist.

Regression: 1934/17/8

Selbst wenn wir nicht an Wiedergeburt glauben, kann die 17 als Hinweis auf ein voriges Leben erscheinen. Sie deutet auf Reichtum und Wohlstand hin (was die Menschen darunter verstehen, ist je nach Zeit und Kultur unterschiedlich).

Tarotkarten: Die Kaiserin und 8 Stäbe

Madonna ist der Inbegriff der Kaiserin: eine Frau, die durch Schönheit und Weiblichkeit herrscht. Die 8 der Stäbe ist das Symbol ihrer starren Seite und ihrer hartnäckigen, spartanischen Disziplin.

Erbanlagen: 34/7

Die 7 steht hier für die Religiosität ihrer Familie, aber auch das Streben nach Vollkommenheit und die Schuldgefühle, wenn das Ziel nicht erreicht wird.

Erste Herausforderung: 1 – Zweite Herausforderung: 15/6
Karmische Herausforderung: 14/5

Hier sehen wir erneut, dass Madonna Selbstbestätigung sucht. Sie will allen (auch sich selbst) beweisen, dass sie erfolgreich ist. Es ist aber eine

Tendenz feststellbar, ab dem fünften Lebensjahrzehnt ruhiger zu werden, ohne an Leidenschaft zu verlieren. Die Familie ist eine Quelle der Liebe, aber auch eine Last. Madonna will immer modern, frisch und jung sein; doch nach den Vierzigerjahren meldet sich wahrscheinlich eine kluge innere Stimme und rät ihr, die Jugendlichkeit, die ein so wichtiger Teil ihrer Persönlichkeit ist, mit der Reife zu verbinden, die manches naive und törichte Verhalten ausschließen würde.

Lebensphasen

Phase 1: Schicksal 20/2, Zyklus 8, Gipfel 24/6
(von der Geburt bis zum 26. Geburtstag)

Die 24 lässt auf sehr schlechte Erfahrungen in der Familie schließen, als Madonna noch sehr jung war. Sie hat oft darüber gesprochen, welche Wirkung der Tod ihrer Mutter auf die Bildung ihres Charakters hatte (das zeigt die 2 im Schicksalsweg besonders deutlich). Der Zyklus unterstreicht eine große innere Kraft und viel Ehrgeiz unter dem Einfluss der 8.

Phase 2: Schicksal 20/2, Zyklus 16/7, Gipfel 24/6
(vom 26. bis zum 34. Geburtstag)

Zwischen ihrem 26. und 34. Lebensjahr erlebte Madonna ein berufliches Wachstum; dennoch spiegelt ihr Numerogramm seltsamerweise Furcht, Unsicherheit und eine Neigung zur Selbstzerstörung wider. In der Tat erklärte sie einmal, sie habe bis zum 33. Lebensjahr Angst gehabt, an Brustkrebs zu sterben – wie ihre Mutter im gleichen Alter. Erst als sie mit 34 erkannte, dass nichts geschehen war, verschwand der Schatten. Außerdem wollte sie unbedingt ihre eigene Kraft beweisen, denn später gab sie zu (in ihrem Album *Ray of Light),* dass sie zwar berühmt, reich und schön, aber auch unglücklich und egoistisch gewesen sei.

Phase 3: Schicksal 20/2, Zyklus 16/7, Gipfel 1974/21/3
(vom 34. bis zum 43. Geburtstag)

Da die 21/3 ein Symbol großer Eroberungen und einer starken Entwicklung ist (vor allem im Showbusiness), können wir Madonnas berufliche Entwicklung als Widerspiegelung dieser Zahl auffassen. In dieser Phase bekam sie die Filmrolle der Evita Peron. Dabei musste sie sich gegen einige berühmte

Schauspielerinnen durchsetzen. Für ihre Leistung erhielt sie einen Golden Globe – eine große Auszeichnung für eine Frau, die als Schauspielerin nie ernst genommen wurde. Nach den Dreharbeiten gebar sie ihre Tochter und gründete Maverick Records, ihre eigene Plattenfirma.

Die 7 ist sehr spirituell, und Madonna verwandelte sich in der Tat vom *material Girl* zur Anhängerin der Kabbala (daher enthielt das Logo ihrer *Drowned World Tour* einen Lebensbaum) und zur Yogaschülerin. Das alles könnte ein Mittel gegen die Destruktivität der 16 sein; auf jeden Fall spiegelt es den Archetypus der 20/2 wider: die weise Mutter.

Phase 4: Schicksal 20/2, Zyklus 16/7, Gipfel 1998/27/9
(vom 43. bis zum 52. Geburtstag)

Diese Phase kennzeichnet ein radikaler Wandel der Lebensweise, wahrscheinlich zum Besseren. Der Erfolg blieb Madonna treu (und nahm vielleicht sogar zu). Das verdankte sie ihrer Fantasie und ihrem Ehrgeiz – sie dürstet immer nach etwas Neuem. Ihre spirituelle Suche ging weiter, wurde tiefer und führte sie auf raue, aber faszinierende Wege. Sie sucht ständig nach neuen Interessen und will neue Kulturen kennen lernen. Wahrscheinlich wird sie meist nicht in den USA leben, denn die 9 zeigt eine gewisse Neigung zur Auswanderung oder zumindest zu langen Reisen.

Phase 5: Schicksal 20/2, Zyklus 23/5, Gipfel 1966/22
(ab dem 52. Geburtstag)

Offenbar bleibt Madonna jovial, respektlos und sexuell aktiv – sie ist eine Art moderne Mae West, nicht eine Marilyn Monroe, mit der man sie oft vergleicht. Da sie mehr als jovial ist, wird sie vermutlich als zähe Dame alt werden, und ihr Temperament scheint kaum nachzulassen, obwohl die 22 zeigt, dass sie im Alter vernünftiger und weniger emotional sein wird.

DER LEBENSWEG

Daten	Alter	Transit der Buchstaben	Essenz	persönliches Jahr
16.08.1958	00	M * L * V * C	14/5	20/2
16.08.1959	01	M * L * V * C	14/5	21/3
16.08.1960	02	M * L * V * C	14/5	22
16.08.1961	03	M * O * V * I	23/5	23/5
16.08.1962	04	A * O * E * I	21/3	24/6
16.08.1963	05	D * O * E * I	24/6	25/7
16.08.1964	06	D * O * E * I	24/6	26/8
16.08.1965	07	D * O * E * I	24/6	27/9
16.08.1966	08	D * O * E * I	24/6	19/1
16.08.1967	09	O * U * R * I	27/9	20/2
16.08.1968	10	O * U * R * I	27/9	21/3
16.08.1969	11	O * U * R * I	27/9	22
16.08.1970	12	O * I * R * C	27/9	23/5
16.08.1971	13	O * I * R * C	27/9	24/6
16.08.1972	14	O * I * R * C	27/9	25/7
16.08.1973	15	N * I * R * C	26/8	26/8
16.08.1974	16	N * I * R * C	26/8	27/9
16.08.1975	17	N * I * R * C	26/8	28/1
16.08.1976	18	N * I * O * O	26/8	2
16.08.1977	19	N * I * O * O	26/8	3
16.08.1978	20	N * I * O * O	26/8	4
16.08.1979	21	N * S * O * O	18/9	5
16.08.1980	22	N * E * O * O	22	6
16.08.1981	23	N * E * O * O	22	7
16.08.1982	24	N * E * N * N	20/2	8
16.08.1983	25	A * E * N * N	16/7	9
16.08.1984	26	M * E * N * N	19/1	10/1
16.08.1985	27	M * L * N * N	15/6	11
16.08.1986	28	M * L * N * N	17/8	3
16.08.1987	29	M * L * I * E	21/3	4
16.08.1988	30	A * O * I * E	21/3	5
16.08.1989	31	D * O * I * E	24/6	6

Fortsetzung

Daten	Alter	Transit der Buchstaben	Essenz	persönliches Jahr
16.08.1990	32	D * O * I * E	24/6	7
16.08.1991	33	D * O * I * E	24/6	8
16.08.1992	34	D * O * I * C	22	9
16.08.1993	35	O * O * I * C	24/6	10/1
16.08.1994	36	O * U * I * C	21/3	11
16.08.1995	37	O * U * I * I	27/9	12/3
16.08.1996	38	O * U * C * I	21/3	4
16.08.1997	39	O * I * C * I	27/9	5
16.08.1998	40	O * I * C * I	27/9	6
16.08.1999	41	N * I * A * I	24/6	7
16.08.2000	42	N * I * V * I	27/9	8
16.08.2001	43	N * I * V * I	27/9	9
16.08.2002	44	N * I * V * I	27/9	10/1
16.08.2003	45	N * I * V * I	27/9	11
16.08.2004	46	N * I * E * C	22	12/3
16.08.2005	47	N * I * E * C	22	13/4
16.08.2006	48	N * S * E * C	14/5	5
16.08.2007	49	N * E * E * C	18/9	6
16.08.2008	50	N * E * E * C	18/9	7
16.08.2009	51	A * E * R * C	18/9	8

- Die Begegnung der 24/6 (Symbol ihrer Gefühle) und der 25/7 (Symbol ihrer Umwelt) im Alter von 5 Jahren deutet auf Leid, Einsamkeit und ein gebrochenes Herz hin. Die Ursache könnte der Tod ihrer Mutter sein. Die 24 spiegelt ihren Schmerz wider, der bis zum 8. Lebensjahr dauerte. Dann erscheint die 27/9 und bleibt bis zu ihrem 14. Lebensjahr. Dies war eine Phase, in der sie ihre Meinung offen sagte und sich frei ausdrücken konnte. Damals erwachte auch ihr Interesse an den Künsten, vor allem an der Schauspielerei, da die 9 für das Publikum steht.
- Vom 11. bis zum 14. Lebensjahr sehen wir hier und da einige Anzeichen für Konflikte, wahrscheinlich in der Familie, da sie ein mutiges Kind war. Sie hatte eine gewisse „Einstellung", eine gewisse Freude an der

Konfrontation, die nicht nur mit dem Alter, sondern auch mit ihrer Persönlichkeit zusammenhing. Im 16. und 17. Lebensjahr war diese Tendenz besonders ausgeprägt.

- Das 15. Lebensjahr war anscheinend schmerzlich. Die 26/8 steht für ein finanzielles oder gesundheitliches Problem und das Gefühl, blockiert, begrenzt und eingeengt zu sein.
- Vom 18. bis zum 24. Geburtstag hatte Madonna eine 00-Konjunktion, die ziemlich düster ist, was Zuneigung anbelangt. Sie ist ein typisches Zeichen für gestörte Beziehungen.
- Als sie 23 wahr, erschien ihre erste Platte. Die Begegnung zwischen der 22 und der 7 bestätigt diesen Erfolg; sie steht für große innere Freude.
- Im Alter von 26 Jahren erschien Madonnas zweites Album, *Like a Virgin*. Das war ihr erster großer Erfolg. Die Begegnung zwischen der 19/1 und der 10/1 lässt darauf schließen, dass die Vergangenheit nichts mehr bedeutete – sie schlug einen neuen Weg ein und kehrte nie mehr zurück. Außerdem begann ihre Karriere als Schauspielerin mit *Susan verzweifelt gesucht* (1983).
- Vom 24. bis zum 28. Lebensjahr kündigt das NN eine Phase des großen Wandels und der Bewegung an, warnt aber auch vor Unfällen – ein gutes Beispiel dafür, dass eine „schwere" Emanation sich „positiv" ausdrücken kann. Dies war zudem eine Phase starker sexueller Energie, gemischt mit Gewalt. In dieser Zeit heiratete sie Sean Penn.
- Als sie 28 war, erschien *True Blue*. Sie änderte ihr Image und ihre Musik (17/8 und 3) und hatte damit noch mehr Erfolg. Ihre Tournee *Who's that Girl* war ebenfalls ein enormer Erfolg – im Gegensatz zum gleichnamigen Film, in dem sie die Hauptrolle spielte.
- Etwa zwischen ihrem 29. und 30. Geburtstag veröffentlichte sie *Like a Prayer*, ihr viertes Album. Da sie in ihren neuen Videoclips sehr freizügig auftrat, bekam sie Schwierigkeiten mit ihrem Sponsor Pepsi, bei dem sich Christen über eine Szene beschwerten, in der Madonna die Füße eines schwarzen Jesus küsst, der sich daraufhin erhebt und offenbar Sex mit ihr hat. Dieses Video war eigentlich eine provozierende Warnung vor Rassismus, wie die 21/3 zeigt. Die 5 deutet den Aufruhr an, den das Video auslöste.
- Zwischen dem 30. und 33. Lebensjahr spielte sie eine Rolle in Warren Beattys *Dick Tracy*, tourte mit *Blonde Ambition* durch die Welt und ver-

öffentlichte ihre Alben *I'm Breathless* und *The Immaculate Collection*. Das Letztere widmete sie dem Papst, obwohl es den umstrittenen Song *Justify My Love* enthält. Auf dem dazugehörigen Videoclip erforschte sie einige sexuelle Fantasien – für MTV Grund genug, ihn nicht zu senden. Diese Phase war auch durch den Mangel an wahrer Liebe gekennzeichnet. Zwischen ihrem 33. und 34. Lebensjahr bestätigten die Veröffentlichung eines Buches mit erotischen Fotos sowie das Album und der Videoclip *Erotica* ihr Image als ausgesprochen „liederliche" Frau. Die 9 und die 22 enthüllen gemeinsam die Intensität dieses Prozesses, den Gipfel ihres Aufbegehrens gegen alles, was sie einengen wollte.

- Etwa im 35. Lebensjahr finden wir eine Konjunktion zwischen 24/6 und 10/1 sowie eine Konjunktion des Buchstabens O. Diese Phase war eine Mixtur aus jähen Veränderungen, Spiritualität, Innenschau und Liebesleid. In dieser Zeit produzierte und veröffentlichte sie ihre *Bedtime Stories* (1994), die das Ende der „aggressiven Hure" in ihrer Galerie der Charaktere markierte. Die 21/3, eine besonders strahlende Zahl, wurde unheimlich (persönliches Jahr 11).
- Kennzeichnend für die Zeit zwischen dem 36. und 38. Lebensjahr waren Konjunktionen zwischen 21/3 und 11, zwischen 27/9 und 12/3 sowie zwischen 21/3 und 4. Wir sehen auch eine Konjunktion der Buchstaben I, besonders vor dem 37. Lebensjahr. Das alles kann man als Zeichen für Popularität, Kreativität, Fortpflanzung, Stress, Arbeit, Opfer, Anspannung, Erneuerung, Tempo und Lust werten. In dieser Zeit erhielt sie nach langem Kampf die Rolle der Evita im gleichnamigen Film. Sie gebar ihre Tochter Lourdes Maria (14. Oktober 1996) und gewann einen Golden Globe für die beste Schauspielerin in einem Musical.
- 1998 erschien *Ray of Light*, ein sehr überraschendes Album angesichts ihrer früheren Werke: keine Skandale, sondern eine Rückschau und ein neues Interesse an der Kabbala, am Yoga und ähnlichen Themen. Das ehemalige *material Girl* war nicht mehr besessen von Fitness, sondern beschäftigte sich lieber mit Mantras und indischer Musik. Die Begegnung zwischen der 27/9 mit der 6 und der 7 bestätigt den erfolgreichen Wandel – und in der Tat gewann Madonna ihren ersten Grammy für das beste Pop-Album.
- Ihr 41. Lebensjahr war wohl etwas angespannt, oder sie hatte familiäre Sorgen. Der Transit II seit 1998 und vor allem die Konjunktion der 24/6 mit der 7 bestätigen das.

- Um 2001 und 2004 unterstreicht das Numerogramm Madonnas Erfolge als Schauspielerin und Geschäftsfrau dank des Transits der 27/9. In dieser Zeit veröffentlichte sie ihre beiden besten Alben, *Music* und *American Life,* die innovativer und reifer klingen als alle anderen Platten. Außerdem ging sie auf ihre *Drowned World Tour,* in der sie ihre Shows (die an den Broadway erinnerten) mit technischen Finessen und gewagter Ästhetik verfeinerte. Sie gebar ihren Sohn Rocco und heiratete dessen Vater, den britischen Filmemacher Guy Pearce. Außerdem übernahm sie eine Rolle in einem Film, bei dem ihr Mann Regie führte, und spielte auf einer Bühne in London, wo sie seit ihrer Heirat die meiste Zeit lebt. Im Jahr 2004 ging sie auf ihre *Re-Invention Tour* und verdiente damit, wie man hört, eine Stange Geld – obwohl manche ihr vorwarfen, sie halte eine zweistündige Aerobics-Show nicht mehr so gut durch wie in der guten alten Zeit.
- Die persönlichen Jahre 1 und 11 spiegeln eine Phase der Missverständnisse wider, trotz einiger künstlerischer Erfolge: Ihr neues Album, *American Life,* enthält einige Kritik an der amerikanischen Lebensweise, und sie selbst ließ den umstrittenen Videoclip für den Titelsong absetzen, als die USA den Irak bombardierten und besetzten. Sie sei besorgt, erklärte sie, man werde das Video für antiamerikanisch oder als Kritik an Präsident Bush halten; aber sie sei nur für den Frieden. Zudem begann sie, Kinderbücher zu schreiben, was niemand von einer Frau erwartet hatte, deren literarische Karriere mit dem erotischen Fotobuch *Sex* begonnen hatte.

Den Lebensweg sollten wir jedes Jahr studieren und dabei sorgfältig die Emanationen beobachten, um sie gut zu nutzen. Das ist eine Schritt-für-Schritt-Meditation über die Zyklen, keine Zukunftsschau.

Teil 4

Die Zahlen und der Tarot

Nun wollen wir den Zusammenhang zwischen den Zahlen als Symbolen und den Tarotkarten näher untersuchen.

4.1
Die Numerologie der Arkanen

Es ist interessant, die Zusammenhänge zwischen Zahlen und Arkanen zu beobachten, denn die Zahlen sind bei der Deutung der Karten entscheidend:

0 oder 22 – DER NARR: das Undefinierte, weder Anfang noch Ende
1 – DER MAGIER: Anfang, Potenzial, Impuls, Inkarnation, Sprache
2 – DIE PRIESTERIN: Stille, Zeugung, Intuition, Geheimnis
3 – DIE KAISERIN: Schöpfung, Geburt, Ernte, Schönheit, Kultiviertheit
4 – DER KAISER: Starre, erobernde Macht, Dauerhaftigkeit
5 – DER HOHEPRIESTER: eine Brücke zwischen Himmel und Erde
6 – DIE LIEBENDEN: Zweifel, Dualität, Wahlmöglichkeit
7 – DER WAGEN: Abschied, Fortschritt, Investition
8 – ANPASSUNG: Berichtigung, Gesetz, Ergebnis
9 – DER EREMIT: Assimilation, Wissen um das Ganze
10 – GLÜCK: Mutation, Höhen und Tiefen, Neubeginn
11 – LUST: außergewöhnliche blinde Kraft
12 – DER HÄNGENDE: Pause, Opfer, Ausgewogenheit
13 – TOD: Schnitt, Transformation, Neugeburt
14 – KUNST: Gleichgewicht, Konzentration, Verschmelzung von Gegensätzen
15 – DER TEUFEL: die Macht der Natur, Orgasmus
16 – DER TURM: nach dem Koitus, der Fall, zyklische Zerstörung
17 – DER STERN: Verjüngung, Hoffnung
18 – DER MOND: Verwirrung, Zweifel, Finsternis, das Unbewusste
19 – DIE SONNE: ein brennendes, schöpferisches Licht
20 – DER ÄON: der Wendepunkt
21 – DAS UNIVERSUM: Ganzheit
22 oder 0 – DER NARR

Die Kleinen Arkanen werden in vier Gruppen eingeteilt, wie wir bereits bei den Beziehungen zwischen Zahlen und den vier Elementen gesehen haben. Diese Gruppen oder Farben ordnet man jeweils einem Element zu:

1 – STÄBE: Geist - Feuer
2 – KELCHE: Gefühle - Wasser
3 – SCHWERTER: Intellekt - Luft
4 – MÜNZEN: Materie – Erde

Jede Gruppe hat 4 Hofkarten und 10 Arkanen. Jede Hofkarte wird von einer Zahl und einem Element symbolisiert, die wir der Zahl und dem Element ihrer Gruppe zuordnen müssen, damit wir verstehen, was die Karte bedeutet:

1 – RITTER – FEUER
2 – KÖNIGINNEN – WASSER
3 – PRINZEN – LUFT
4 – PRINZESSINNEN – ERDE

Die kleinen Arkanen

1 – Die Saat, die einen ganzen Wald enthält
2 – Der Konflikt zwischen Dualität und Einheit, die Manifestation seines Anfangs
3 – Die Entfaltung und die Folge der vorigen Zahl/Arkane
4 – Die Bildung von Materie
5 – Der Bruch, die Bedrohung, der Streit, der Aufstand
6 – Die Harmonie
7 – Was innen vorgeht, hinter dem Vorhang
8 – die Reaktion, der Prozess
9 – Der Gipfel
10 – Das Ende

Es ist eine interessante Übung, die Zahlen von Großen-Arkanen-Paaren zu addieren und das Ergebnis zu studieren. Wenn Sie beispielsweise den MAGIER (1) und die LUST (11) addieren, erhalten Sie den HÄNGENDEN. Sowohl die 1. als auch die 11. Arkane sind Symbole für eine gewaltige Kraft – aber ihre Addition ergibt eine „ausgelaugte" Arkane wie die 12.

Probieren Sie es auch mit anderen Kombinationen, und meditieren Sie darüber, um den Tarot besser zu verstehen. Tarotkarten sind meist nützlich für objektive Zwecke, aber heikel, wenn es um Spiritualität geht. Die Schutzgottheit des Tarots ist Thot, der Schöpfer der Worte und Zahlen, der zugleich ein Lügner ist. Allerdings kann er nur Sklaven täuschen, also Menschen, die belogen sein wollen. Wer dem Tarot banale Fragen stellt – aus Neugier oder um ihn zu prüfen –, erfährt die Geheimnisse der Arkanen nicht. Und wenn jemand auf dieser Einstellung beharrt, werden die Karten unwahr – aber so, dass sie ihm sehr vernünftig vorkommen und er ihnen vertraut. Andererseits empfangen wir eine wertvolle Botschaft, wenn wir die Karten aufgeschlossen und im Rahmen einer Zeremonie konsultieren (nicht aus Furcht oder Verehrung).

4.2
Das Spiegelspiel (11 Karten)

Den 11 Archetypen zufolge (das sind die Zahlen von 1 bis 9 sowie die 11 und die 22) können wir 11 Karten vom Tarotdeck abheben, um zu erfahren, wie diese Archetypen im jetzigen Augenblick für einen Menschen arbeiten. Ich nenne es „Spiegelspiel", weil es die Seele in einem bestimmten Moment widerspiegelt.

Zuerst mischen Sie die Karten, teilen sie in drei Haufen und wählen einen davon aus. Dann mischen Sie diese Karten erneut und heben 11 Karten ab, die Sie so auslegen:

0 – Diese Karte zeigt, was in naher Zukunft geschehen wird und welche Absichten der Fragende hat.

1 – Das Ich des Fragenden, die jetzige Situation.

2 – Das Paar, der Partner, Liebe, auch berufliche Partnerschaften und vielleicht sehr enge Freundschaften.

3 – Kommunikation, Freunde, Söhne und Töchter, kreative Potenziale, Ausdruck, das Gespräch, die Medien.

4 – Stabilität, Schwierigkeiten, Hindernisse, Zeremonien, Organisation. Die Fähigkeit, geduldig oder ungeduldig zu sein. Effektivität.
5 – Das Unvorhersehbare, Veränderungen, Reisen, Impulse, Sexualität, Drogen, Partys, Vergnügungen.
6 – Familie, Gesellschaft, Achse, Harmonie, Mitgefühl.
7 – Studien, die Seele, Religion, Magick. Innenschau und Suche nach Wissen.
8 – Geld und alles, was mit ihm zu tun hat. Die Ergebnisse der Investitionen in Position 4. Gerechtigkeit und Gesetz.
9 – Endresultat, Synthese. Eine künftige Tendenz.
10 - Der Rat.

Versuchen wir nun, ein Legebeispiel zu deuten:

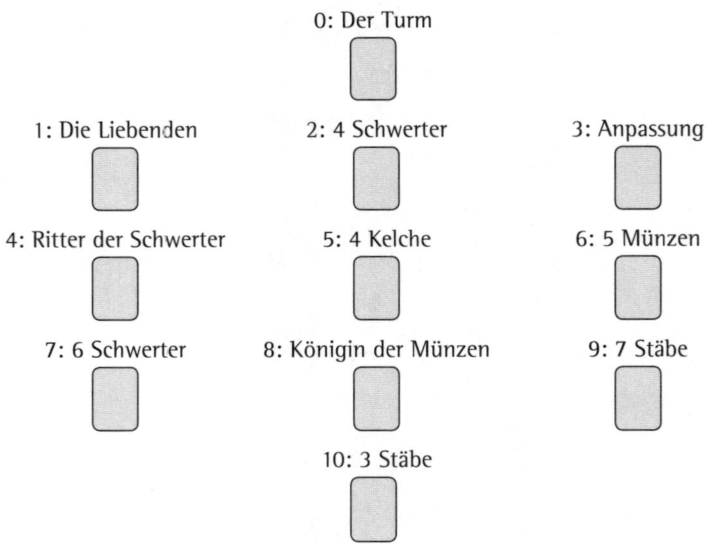

Der Turm in Position 0 symbolisiert jemanden, der dabei ist auszubrechen. Es wird zu einem Bruch kommen, als wäre Shiva bereit, sich um das Leben des Fragenden zu kümmern und alles, was alt und wertlos ist, zu vernichten. Mit anderen Worten: Der Fragende langweilt sich und will die ganze derzeitige Situation ändern.

Die 1. Position zeigt, dass der Kernpunkt etwas mit Zweifeln zu tun hat (das ist eine der traditionellen Bedeutung der LIEBENDEN. Da die

Position 1 das Thema dieses Moments bestimmt, zielt die Drohung, die der TURM in der vorigen Position verkündet, auf die Gefühle ab. Vielleicht ist der Fragende in zwei Personen verliebt, oder er fühlt sich in einer Beziehung unwohl und will sie beenden.

Um das zu bestätigen oder zu widerlegen, müssen Sie auf die 2. Karte achten, die für Romantik steht. Auf dieser Position finden wir die 4 der Schwerter, eine kleine Arkane, die berufliche und materielle Angelegenheiten anspricht – ein trockenes Panorama für Liebesaffären. Das bedeutet nicht unbedingt Unglück für die Beziehung; aber vielleicht leidet sie unter den Pflichten des täglichen Lebens. Um die derzeitigen Gefühle des Fragenden einschätzen zu können, müssen Sie auch auf die Positionen 5 und 6 achten.

Die 3. Position wirft ein Licht auf Beziehungen mit Freunden, auf die Jugend und auf die Fähigkeit zur Kommunikation. Die 8. Arkane, ANPASSUNG, betont, dass der Fragende auf seine Worte achten sollte, denn alles, was er sagt, kann dazu benutzt werden, ihm zu helfen oder ihm und anderen zu schaden.

Der Ritter der Schwerter in der Position „Hindernisse" zeigt, dass der Fragende diese – hauptsächlich beruflichen und intellektuellen – Blockaden nur durch intensives, vernünftiges Denken und Intelligenz überwinden kann.

In der Position des Wandels finden wir die 4 der Kelche. Das deutet darauf hin, dass der Fragende seine Sexualität nicht ganz im Griff hat. Er wird von Instinkten beherrscht, und diese sind kein Geschenk an Gott mehr, sondern ein Zeichen dafür, dass ein Mensch zum Tier wird.

Bei der nächsten Position geht es um Familienangelegenheiten, und die 5 der Münzen bestätigt, dass der Fragende mit seiner derzeitigen familiären Situation überhaupt nicht zufrieden ist. Vielleicht trübt ein finanzielles Problem den Frieden im Haus, oder er arbeitet zu viel und leidet an Stress oder gar an einer Krankheit.

Andererseits scheinen Geist und Intellekt ziemlich ausgewogen zu sein, denn die 6 der Schwerter ist die beste Karte in dieser Position.

Die 8. Position nimmt die Königin der Münzen ein. Sie symbolisiert den Umgang mit viel Geld und die Entwicklung materieller Macht.

Die letzte Arkane ist die 9 der Stäbe. Sie rät dem Fragenden, nie aufzugeben: Wer klug und beharrlich ist, wird gewinnen.

4.3
Das Dreiecksspiel

Nehmen wir nun an, der Fragende will genauer wissen, was das vorige Legebeispiel über Liebe und Beziehungsprobleme aussagt. Die folgende Methode gibt eine schnelle und treffende Erläuterung:

1: 9 Schwerter
2: Anpassung
3: Prinzessin der Kelche

Es scheint, dass keine Trennung droht. Das Beste, was die Partner jetzt tun können, ist, Freunde zu sein und Verständnis füreinander aufzubringen. Das Schlimmste wäre, den Partner zu verurteilen. Dies ist nicht die Zeit, hart zu sein, weder zu sich selbst noch zum anderen. Und die Prinzessin der Kelche weist darauf hin, dass in den Herzen der beiden Partner immer noch die Flamme der Leidenschaft brennt.

Dennoch ist dies ein Beispiel für eine Situation, in welcher der Fragende darauf besteht, seine Beziehung zu verbessern. Wie sieht es aber aus, wenn er wissen will, was geschieht, falls er die derzeitige Partnerschaft beendet, um eine neue einzugehen oder um allein zu sein? Das enthüllt das nächste Beispiel:

1: Königin der Münzen
2: Der Eremit
3: Ritter der Kelche

Dieses Legebeispiel unterstreicht, dass es jetzt Zeit ist, sich um berufliche und materielle Dinge zu kümmern. Es besteht keine Neigung, eine neue Beziehung zu knüpfen; aber die beruflichen Aussichten sind sehr gut.

Wenn Sie die beiden Spiele vergleichen, lautet die Antwort auf die Frage „Lohnt es sich, an der jetzigen Beziehung zu arbeiten?“: Ja! Denken Sie aber immer daran, dass der Beruf derzeit für den Fragenden am wichtigsten ist, nicht sein Gefühlsleben. Wenn er sich an die richtige Reihenfolge hält, kann er Fehler vermeiden.

4.4
Das Golden-Dawn-Spiel

Diese Methode ist meiner Meinung nach die umfassendste, vor allem wenn es um spirituelle Fragen geht.

Zuerst sollten Sie das kleine Ritual des Pentagramms vollziehen und anrufen. Nach dem Deuten der Karten wiederholen Sie das Ritual, diesmal aber um zu bannen.

Dies ist eine vereinfachte Version einer Methode, welche die Adepten des Ordens vom Golden Dawn benutzten.

Mischen Sie die Karten, heben Sie 15 Karten ab, und legen Sie diese so aus, wie Abbildung E es zeigt.

Die Karten in der Mitte (1, 2 und 3) symbolisieren die Gegenwart des Fragenden. Meist ist die erste Karte der Fragende selbst, während die dritte und vierte Karte seine Umwelt widerspiegelt.

Die Karten oben rechts enthüllen den natürlichen Verlauf des Schicksals, also das, was geschehen wird, wenn der Fragende so weitermacht wie vor der Beratung. Dies ist die passive Seite. Wenn die Karten ein hässliches

ABBILDUNG E

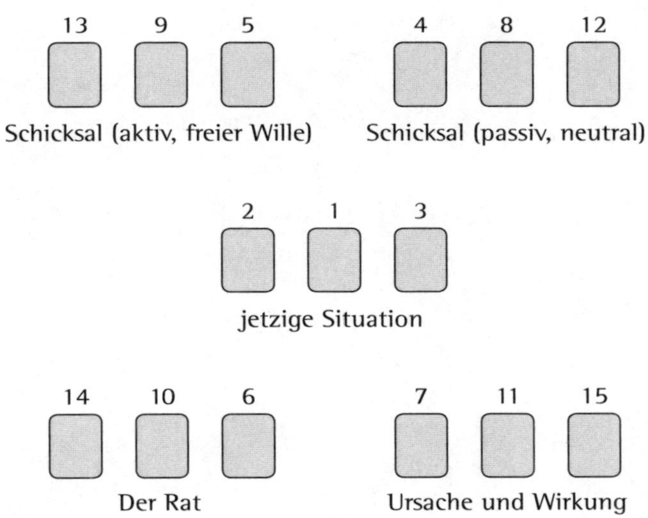

Bild zeichnen, empfehlen die Karten links oben – sie symbolisieren das aktive Schicksal – möglicherweise eine neue Strategie, welche die Zukunft ändert.

Der aktive Teil oben links zeigt, welche Wirkung ein Kurswechsel haben würde. Manchmal empfehlen Ihnen diese Karten, etwas bereits Vollendetes in Ruhe zu lassen, weil die natürliche Tendenz ohnehin positiv ist. Auf jeden Fall erfahren Sie, welche positiven oder negativen Folgen es hat, wenn Sie eine andere Richtung einschlagen.

Die drei Karten unten links sagen Ihnen, was Sie tun können, um bessere Ergebnisse zu erhalten, oder worum Sie sich kümmern müssen. Die drei letzten Karten symbolisieren das Resultat des Ursache-Wirkung-Prozesses. Hier geht es um Ereignisse, die bereits im Gange und daher schwer zu vermeiden sind – so wie man einen fahrenden Zug unmöglich schnell anhalten kann.

Teil 5

Zusätzliche Informationen

In diesem Kapitel erfahren Sie mehr über die Zahlen und ihre Symbolik.

5.1 Zahlenkombinationen

Wir werden nun die Begegnung von Zahlen analysieren, die Reaktionen, die Zahlenkombinationen auslösen. Die folgenden Kommentare helfen Ihnen, die Numerogramme von zwei oder mehr Menschen (FF = „zwei Fragende") zu vergleichen oder die Harmonie zwischen einem Zahlenpaar im Numerogramm ein und desselben Menschen F = „ein Fragender") zu überprüfen.

1 + 1 - FF: Eine Konfrontation von zwei etwa gleichen Ichs, die es beiden sehr schwer macht, in dieselbe Richtung zu gehen. **F:** Die Wiederholung dieser Zahl im selben Numerogramm unterstreicht, wie wichtig dem Fragenden Macht und Führung sind. Sinnlose Überaktivität, Steifheit.

1 + 2 – FF: Bei einem Paar ergänzen sich diese Zahlen gut, sofern die Rollen klar verteilt sind; andernfalls droht Disharmonie. **F:** Wenn diese Zahlen dieselbe Persönlichkeit beschreiben, liegt ein offensichtlicher Widerspruch vor, der gut oder schlecht sein kann, je nachdem, wie der Rest des Numerogramms aussieht – die Folge kann Ausgewogenheit, aber auch Schizophrenie sein.

1 + 3 – FF: Eine großartige Kombination, die Dynamik, schnelle Kommunikation und Pioniergeist andeutet. Die 3 hat eine Schwingung, welche die beliebteste Seite der 1 weckt, während die 1 der 3 Selbstvertrauen vermittelt. Harmonische Persönlichkeiten und gute Aussichten auf Intimität. **F:** Die 3 mildert die 1, denn die 3 ist zwar eine männliche Zahl, aber ihre kindlichen Züge nehmen der 1 einen Teil ihrer Schwere.

1 + 4 – FF: Diese Kombination ist ein wenig schwierig, weil die Bescheidenheit und Begrenztheit der 4 die Kühnheit der 1 hemmt. Es kann sich um Chef und Mitarbeiter handeln, aber nicht um eine demokratische Beziehung. **F:** Die 4 kann der rauen 1 ein wenig Bescheidenheit spenden, die durchaus willkommen ist.

1 + 5 - FF: Da die 1 und die 5 bereits in getrenntem Zustand energische Emanationen sind, kann man sich vorstellen, was geschieht, wenn sie sich begegnen. Dennoch ist dies eine gute Kombination für Partner, weil beide nach Aufmerksamkeit suchen – aber nach verschiedenen Arten der

Aufmerksamkeit. Die 1 liebt Ruhe, die 5 sehnt sich nach Abwechslung. Es gibt also keine Rivalität, da die 1 für Kraft und die 5 für Wandel steht. F: Eine harmonische, wenn auch unruhige Kombination.

1 + 6 – FF: Die 6 ist scheinbar viel zu zart für die Eile der 1. Dennoch führt diese Begegnung bisweilen zu einer Partnerschaft und nicht zum Streit. **F:** Die 6 verbessert die 1 ganz entschieden, so dass diese empfindsamer und weniger autoritär wird.

1 + 8 – FF: Zwei Menschen fühlen sich zueinander hingezogen, weil sie beide gleiche Interessen haben. Aber sie streiten auch, weil sie dasselbe haben wollen. **F:** Großer Ehrgeiz, vielleicht sogar Gier.

1 + 9 - FF: Hier haben wir Wendigkeit, Flinkheit, Kommunikation und eine logische Entwicklung. Das ergibt ein harmonisches Paar (Freunde, Liebende oder Kollegen). **F:** Dies sind Zahlen, die einander ergänzen und zu einer markanten, gut entwickelten Persönlichkeit beitragen.

1 + 11 – FF: Weltliche Macht und transzendentale Kraft erzeugen negative Energie. Es gibt keinen Konflikt, denn die 1 sucht Anerkennung in der Gegenwart, während die 11 an der unendlichen Zukunft interessiert ist. Inspiration. **F:** Ein besonders starker, einzigartiger Charakter, ein mächtiger Verstand, der jedoch aus Eitelkeit irren kann.

1 + 22 – FF: Illusionen der Macht und etwas Radikalismus. Aber die Vernunft der 22 kann den Blickwinkel der 1 weiten. **F:** Größenwahn ist hier durchaus möglich. Dennoch kann die 22 die Spiritualität der 1 verbessern.

2 + 2 – FF: Kann bei Freunden klappen; aber der Beziehung fehlen möglicherweise Energie und Motivation. **F:** Zu viel Empfindlichkeit erzeugt ein Vakuum, Schwäche, Langsamkeit und Dürftigkeit.

2 + 3 – FF: Obwohl die 2 für die flinke Energie der 3 zu langsam ist, kann es sein, dass ein Paar zusammen bleibt, weil beide Partner eine kreative Einstellung zur Welt haben. **F:** Diese Zahlen ergänzen einander überaus gut, da die 2 die Kreativität der 3 steigert und die 3 die 2 stärkt.

2 + 4 – FF: Obwohl die 2 und die 4 von gleicher Natur sind, vertragen sie sich nicht sehr gut, weil diese Verbindung kein Fundament und keine Stütze hat. Einem Paar würde die Energie fehlen. **F:** Diese Kombination deutet auf Inaktivität hin, auf einen erschöpften Menschen ohne Initiative.

2 + 5 – FF: Diese interessante Verbindung sorgt für verführerische und bezaubernde Persönlichkeiten, denn die 2 ist sanft, und die 5 ist wild und kühn. Mit anderen Worten: Die 2 bleibt passiv, während die 5 das Kommando übernimmt, und das Ergebnis ist eine schöne Partnerschaft. **F:** Eine elektrisierende Kombination! Die 2 ist sanft, und die 5 steuert die Würze bei. Eine ganz besondere, polare Persönlichkeit.

2 + 6 – FF: Ein weinerliches Paar. Oder Treue und eine stabile Partnerschaft. **F:** Ein sentimentaler, zarter, sanfter Mensch, der sich für Bildung interessiert und der Menschheit helfen will.

2 + 7 – FF: Ein Gleichgewicht, zurückzuführen auf den kleinen, aber starken Verstand der 7 und die Empfänglichkeit und Akzeptanz der 2, die das Ur-Weibliche symbolisiert. **F:** Ein subtiler, komplexer Charakter, der sich für Details und Mysterien interessiert. Diese Zahlen ergeben eine äußerst harmonische Mischung.

2 + 8 – FF: Hier haben wir zwei gerade Zahlen, was auf fehlende Struktur hindeutet. Außer ihrer Verwundbarkeit haben sie nicht viel gemeinsam: Die 2 ist eine romantische Träumerin, die 8 eine materialistische Skeptikerin. **F:** Gleichgewicht zwischen Ehrgeiz und Gefühlen. Aber eine männliche Komponente wäre notwendig.

2 + 9 – FF: Die 2 und die 9 haben ähnliche Ziele, und beide kümmern sich um andere. Die 2 denkt jedoch weniger strategisch als die 9. Dennoch sind harte Gefechte zu erwarten, weil beide melodramatisch sind und gerne übertreiben. **F:** Die 2 kann die 9 empfindsamer machen. Die Folge sind schärfere Sinne und ein übermäßiger Schatten.

2 + 11 – FF: „Morgen bin ich du", sagt die 11 zur 2. Doch die 2 versteht das nicht immer, so dass die Beziehung etwas distanziert bleibt. **F:** Ein

Mensch mit scharfen Sinnen und übersinnlichen Fähigkeiten. Gelegentlich fehlt es ihm an Selbstbeherrschung, aber er ist immer ein Instrument seiner Inspiration und Vision.

2 + 22 – FF: Die 2 kann für die 22 eine perfekte Partnerin sein, obwohl es diesem Paar an positiver Energie fehlt. Da die 22 eine Meisterzahl ist, strahlt sie sowohl positive als auch negative Energie aus, was sich mit Worten kaum beschreiben lässt. Deshalb ist diese Kombination nicht destruktiv-negativ wie andere Paarungen von geraden (Yin-) Zahlen, z. B. 24 und 26. **F:** Diese Kombination, die das Ich auflöst, kann ausnahmsweise zu spirituellem und mentalem Wachstum führen. Dennoch weist sie meist auf eine Opferrolle, unbeholfene Spiritualität, Aberglauben und morbide Illusionen hin.

3 + 3 – FF: Ein Paar, das viele Höhen und Tiefen, Streit und Romantik erlebt. Alltägliche Probleme können die Freude verderben und die Partner trennen. Doch wenn es ihnen gelingt, die Flamme der Kreativität am Leben zu halten, sind schnelle Kommunikation und ewige Liebe möglich. **F:** Glück und Kreativität, aber auch Dummheit und Unreife. Eindeutig ein infantiler Geist, der jedoch von seiner Fantasie profitieren kann.

3 + 4 – FF: Dies sind in der Theorie Zahlen, die einander ergänzen; dennoch passen sie nicht gut zusammen. Die 3 baut Luftschlösser, während die 4 auf der Erde bauen möchte. **F:** Dies kann eine widersprüchliche und geteilte Persönlichkeit sein, manchmal aber eine komplexe.

3 + 5 – FF: Hier begegnen sich ein Kind und ein Heranwachsender. Das kann vieles bedeuten: explodierende Inspiration, Ekstase und Begeisterung, Verwirrung, unschuldiges Vergnügen. **F:** Diese Persönlichkeit ist mit einer Gabe gesegnet: Sie weiß nicht, was Sünde ist.

3 + 6 – FF: Die 3 ist gewiss kreativer, andererseits ist die 6 besser organisiert. Eine perfekte Kombination, die das Beste aus beiden Zahlen macht. **F:** Auch bei ein und demselben Fragenden sorgen diese Zahlen für Harmonie.

3 + 7 – FF: Beide Zahlen können sich mühelos ausdrücken, obwohl ihre Ausdrucksformen recht unterschiedlich sind. **F:** Diese Zahlen passen überaus gut zusammen, denn die 3 fördert den Humor der 7, und die 7 steuert Intelligenz und Vernunft bei.

3 + 8 – FF: Die 8 fördert die Ideen der 3 mit ihrem Pragmatismus. Die 3 ist die Künstlerin, die 8 ihr Manager. F: Überspannte Vision, gepaart mit objektiver Wahrnehmung – manchmal eine gefährliche, manchmal eine gute Kombination. Der Gerechtigkeitssinn der 8 mäßigt jedoch das kindische Verhalten der 3.

3 + 9 – FF: Die 3 und die 9 stammen aus derselben Dreiecksfamilie und verstehen sich daher schnell und gut. Keine Widersprüche und kein Streit, ständige Bewegung. F: Ein dynamischer, kreativer Verstand, dem Kommunikation und der Umgang mit Menschen leicht fallen.

3 + 11 – FF: Die 3 löst eines der potenziellen Probleme der 11: Missverständnisse bei der Kommunikation. Die 11 ist meist modern, wird aber nicht immer gut verstanden. Wie ein Licht im Abgrund spricht die 11 eine neue Sprache, und die 3 übersetzt sie für Begriffsstutzige. F: Diese Kombination sorgt für Charisma, Einfühlungsvermögen und Brillanz. Allerdings sind beide Zahlen egozentrisch.

3 + 22 – FF: Verschiedene Universen. Die 22 kann den Kunstwerken der 3 Größe verleihen, aber sie ist auch kommerziell gesinnt, was der 3 fremd ist. F: Die Schwingungen der 22 sind ein solides Fundament für die Luftschlösser der 3.

4 + 4 – FF: Der Mangel an Verführung und Romantik verwandelt sich in Langeweile. Gelegentlich ist Romantik vorhanden, aber sie ist hausbacken, ohne Verführung und köstliche Genüsse. F: Mentale Blockade, Starre, Begrenzungen, Unterdrückung, Vorurteile und Unbeweglichkeit. Wird diese Kombination von anderen Zahlen im Numerogramm ausgeglichen, kann sie jedoch eine sehr gefestigte und dennoch flexible Persönlichkeit widerspiegeln.

4 + 5 – FF: Eine schwierige Paarung, schon deshalb, weil die Welten der 4 und der 5 weit voneinander entfernt sind. Die 4 will Dinge behalten und etwas Energie für besonders wichtige Zwecke sparen. Die 5 will dagegen ständig alles verändern, alles loslassen und jeden Tag so leben, als sei er der Letzte ihres Lebens. F: Dissonanz, Konflikt, eine fremdartige Kombination. Zwei Schritte vorwärts, zwei zurück.

4 + 6 – FF: Stabilität und Anpassung führen zu einer einengenden Beziehung, wenn es um Liebe und Romantik geht. Freundschaften und Ehen können sich mit dieser Kombination aber nicht immer entwickeln, denn sie erzeugt keinen Funken. Natürlich gibt es Menschen, die Licht und Wärme brauchen, und andere, die an Kälte und einen engen Horizont gewöhnt sind. F: Zu viel Konservatismus kann schlimmer sein als übertriebener Liberalismus. Wenn wir etwas Neues versuchen, sammeln wir wenigstens Erfahrungen und Wissen. Wenn wir uns aber blind an alte Ideen klammern, ist Verfall die einzige Alternative.

4 + 7 – FF: Methodik, Organisation und Geziertheit bilden eine betäubende Kombination für Liebende, aber eine vorzügliche für Kollegen und Schüler. F: Ein sturer Mensch, der vielleicht klug genug ist, um seine niederen Instinkte zu überwinden und nach Höherem zu streben.

4 + 8 – FF: Diese Zahlen können eine Art Spiegelbeziehung hervorbringen, voller Sorgen und Spannung, aber auch mit dem Ehrgeiz, etwas zu erreichen. F: Disziplin, Festigkeit und Beständigkeit sind das Merkmal dieser für berufliche Beziehungen perfekten Kombination.

4 + 9 – FF: Hier haben wir einen ähnlichen Konflikt wie bei der 4 und der 5, aber nicht so krass, weil die 9 diplomatisch ist. Gute Freundschaften können die Folge dieser Kombination sein. F: Diese Verbindung sorgt für ausgewogene Schwingungen und möglicherweise für eine gewisse dynamische Stabilität.

4 + 11 – FF: Die Steifheit begegnet der Transzendenz. Das sind derart gegensätzliche Emanationen, dass sie blinde Verzauberung oder sofortige Ablehnung bewirken. Eine schwierige, aber interessante Kombination. F: Die verrückte und dennoch erhellende Fähigkeit, mit den Gedanken in luftige Höhen zu klettern, während der Körper fest auf dem Boden bleibt wie ein Betongebäude.

4 + 22 – FF: Wie die Verbindung der 2 mit der 11 gleicht auch die Kombination der 4 mit der 22 – das sind Zahlen von gleicher Natur – der Begegnung von Anfang und Ende. **F:** Die Meisterzahl 22 ist eine natürliche und transzendente Entwicklung der 4. Sonderbare und faszinierende Sinne öffnen sich.

5 + 5 – FF: Die Begegnung zweier bewundernswerter Rebellen oder zweier minderwertiger, inkonsequenter Leute. **F:** Elektrizität, schnelle Veränderungen, Instabilität, fehlendes Gleichgewicht, Abenteuer, Launenhaftigkeit.

5 + 6 – FF: Schock. Die 5 findet die 6 viel zu kitschig und aufdringlich. Die 6 hält die 5 für unangepasst, obwohl – oder vielleicht weil – die Begegnung dieser beiden Zahlen im Mysterium der Zweideutigkeit mündet. **F:** Eine Art Ganzheit, die zu spirituellem Erfolg führen kann; dieser bewirkt möglicherweise die Erleuchtung oder endet in Missverständnissen.

5 + 7 – FF: Dies kann eine aufregende Beziehung sein, die Begegnung zweier verschiedener Welten, die jedoch Neugier und Interesse am Neuen gemeinsam haben. **F:** Die 5 macht die 7 flinker, während die 7 aus der 5 ein magisches Pentagramm macht, eine tiefere Emanation, die flüchtig und dicht zugleich ist.

5 + 8 – FF: Die Kommunikation zwischen der 5 und dem Gesetz der 8 (Ordnung) ist nur möglich, weil die 8 die Nachbarin der diplomatischen 9 ist. Die 9 ist eine reife Zahl, die weiß, wie man mit einem Heranwachsenden umgeht. **F:** In dieser Mischung aus unterschiedlichen Schwingungen kann ein wenig Harmonie und sogar Vollkommenheit liegen, die möglich machen, was der 4 und der 5 nicht gelungen ist.

5 + 9 – FF: Diese Begegnung erzeugt Funken des gemeinsamen Interesses und der gegenseitigen körperlichen oder intellektuellen Anziehung. **F:** Fortschritt, Entwicklung, Neugier, Schöpfung, Ideen.

5 + 11 – FF: Eine erfrischende Woge aus Leben und Aufregung. Eine Interaktion brennbarer Energien. **F:** Wenn die 5 die 11 leitet, ist Verfall die Folge. Wenn jedoch die 11 die 5 führt, wird die Seele erleuchtet und der Verstand erneuert.

5 + 22 – FF: Die 22 hat die 5 viel zu lehren, und diese ist meist aufgeschlossen für die neuen Landschaften der 22, wenn auch nicht tiefgründig genug, um sie ganz zu verstehen. **F:** Innere Transformation. Eine Narbe im Gehirn oder ein Lotos im Schmutz.

6 + 6 – FF: Eine erstickende Stabilität und Sehnsucht nach Romantik zwingen das Paar zu einem Leben voller Klischees. Andere Beziehungen – z. B. zwischen Freunden und Geschwistern – können dagegen sehr schön sein. **F:** Übersteigerte Gefühle. Die Kombination zwischen zwei Sechsen ist zwar kreativ, aber ihr fehlt oft Pragmatismus.

6 + 7 – FF: Ferne Horizonte. Die Ruhe und Stabilität der 7 verzaubert die 6, deren überwältigende Leidenschaft die 7 ängstigt. **F:** Diese Mischung harmonisiert die Gefühle und den Verstand. Dadurch wird der Verstand erfolgreicher und das Herz vernünftiger.

6 + 8 – FF: Beide Zahlen sprechen die gleiche Mundart und preisen Sicherheit, Ordnung, Hierarchie und soziale Harmonie. Eine Einheit, die bewahren will. **F:** Diese Kombination kann Schuldgefühle auslösen, weil Empfindsamkeit und Materialismus sich begegnen.

6 + 9 – FF: Die 9 verjüngt die 6, während die 6 den menschlichen Charakter der 9 betont. Eine harmonische Beziehung, es sei denn, die Unabhängigkeit der 9 geht der 6 zu sehr auf die Nerven. **F:** Eine vorzügliche Kombination, weil die 9 die Sentimentalität der 6 dämpft.

6 + 11 – FF: Gewaltige Differenzen verhindern meist ein gutes Einvernehmen. Die 11 ist zu männlich für den Impressionismus der 6. **F:** Diese Kombination führt zu einer sanfteren 11 und einer schlaueren 6.

6 + 22 – FF: Zwei Menschen, die ihrer Gemeinschaft helfen wollen. Bescheidenheit führt sie zusammen. **F:** Übertriebener Idealismus oder Sentimentalität kann selbst die besten Absichten zum Scheitern bringen.

7 + 7 – FF: Die erstaunliche Begegnung zweier großer Geister. Dennoch neigen beide sehr zu Rivalität und wechselseitiger Kritik. **F:** Die Kälte der Wissenschaft. Ein eisiger Wind. Ein undurchdringlicher Mensch mit vielen kleinen Manien.

7 + 8 – F: Anziehung und Abstoßung, Geist und Materie, Philosophie und Logik, Abstraktion und Materialisation. Entweder die beste Ergänzung oder die schlimmste Feindschaft. **F:** Die 8 dämpft die Fähigkeit der 7, gleichzeitig mystisch und launisch zu sein; die 7 hindert die 8 daran, blind materialistisch zu werden. Beide können einander jedoch aufheben, anstatt zusammenzuarbeiten, um ihre Talente zu fördern.

7 + 9 – FF: Ein suchender Geist trifft Materie in Bewegung. Beide entschleiern und entdecken neue Ebenen der Erfahrung und des Wissens. **F:** Diese Verschmelzung einer nach innen gewandten Zahl wie der 7 und einer extravertierten Persönlichkeit wie der 9 harmonisiert das Numerogramm, denn es gibt keine großen Konflikte oder Widersprüche zwischen diesen Zahlen, obwohl sie sich sehr voneinander unterscheiden.

7 + 11 – F: Ungewöhnliche Erfahrungen, originelle Gedanken, parallele Wirklichkeiten und meditative Versenkung sind die Funken, die bei der Begegnung dieser Zahlen entstehen. Beide sind besonders an anderen Ebenen der Realität jenseits des Alltags interessiert. **F:** Die Kombination zwischen der 7 und der 11 kann eine Persönlichkeit widerspiegeln, die nicht ganz in der so genannten konkreten, wahren Welt lebt. Das gilt jedoch nicht, wenn andere Zahlen im Numerogramm für Bodenhaftung sorgen. Meist ist diese Verbindung aber ein Zeichen für einen konstruktiven, forschenden Geist.

7 + 22 – FF: Meist eine Beziehung zwischen einem Schüler und einem Lehrer, ein Hinweis auf eine Hierarchie, die gut zu Freunden oder Kollegen passt, der aber in einer sexuellen oder romantischen Beziehung der zündende Funke fehlt. **F:** Kann auf einen gebildeten Menschen, aber auch auf einen religiösen Fanatiker hinweisen.

8 + 8 – FF: Zu viel Rivalität für eine liebevolle Partnerschaft. Sexuelle Anziehung kann vorhanden sein, aber Romantik ist sehr unwahrscheinlich. Berufliche Zusammenarbeit ist möglich, jedoch nicht ohne Spannungen. **F:** Reichtum oder Armut, beide als befreiende Erfahrung. Geldgier kann zur Neurose werden, als würde Onkel Dagobert zum Leben erwachen.

8 + 9 – FF: Diese beiden Zahlen ergänzen einander; sie sind sehr ehrgeizig, haben aber unterschiedliche Ziele, so dass sie meist nicht zu Rivalen werden. **F:** Diese Mischung spiegelt eine sehr ehrgeizige Persönlichkeit wider, die alles tut, um ihre Wünsche zu erfüllen. Je nachdem, welche anderen Zahlen im Numerogramm vorhanden sind, kann diese Kombination einen brillanten oder einen lasterhaften und unersättlichen Menschen symbolisieren.

8 + 11 – FF: Es ist nicht sehr wahrscheinlich, dass Universen, die einander so fern sind, sich begegnen. Sie können allerdings viel voneinander lernen: Die 8 sollte sich weniger an Pläne klammern und weniger grübeln, und die 11 braucht mehr Kommunikation im wahren Leben. **F:** Diese Kombination kann eine große geschäftliche Begabung hervorbringen. Pragmatismus, verbunden mit außergewöhnlichen Ideen, wirkt meist beflügelnd.

8 + 22 – FF: Die 22 kann der 8 helfen, Ideen, die sich in der realen Welt nicht beweisen lassen, nicht blind abzulehnen. Die 22 neigt von Natur aus zu solchen Ideen. **F:** Wachstum, Entwicklung, Professionalität, Ehrgeiz, Talente und Großzügigkeit sind die Folge dieser Kombination. Es besteht jedoch die Gefahr des Größenwahns. Ein Mensch, der nicht weiß, wann er aufhören soll, was Geld und materielle Dinge anbelangt.

9 + 9: - FF: Eine derart anstrengende Kombination ist allenfalls als zeitweilige Verbindung möglich. Dennoch gibt es einige sehr energische Paare dieser Art, die länger zusammen bleiben, obwohl sie mit vielen Höhen und Tiefen rechnen müssen. **F:** Viele Neunen im Numerogramm deuten auf Exzesse hin; sie gehen meist mit Angst und Nervosität einher und symbolisieren einen Menschen, der viel Lärm um nichts macht, so dass sein Leben schwieriger ist, als es eigentlich sein sollte.

9 + 11 – FF: Wechselseitige Faszination zwischen Zahlen, die radikal sind und Grenzen überschreiten. Es kann sich um sehr gute Freunde oder leidenschaftliche Liebende handeln. Wenn es jedoch Feinde sind, droht ein heftiger Kampf. **F:** Diese Kombination symbolisiert eine sehr intuitive Persönlichkeit, die nicht den üblichen Regeln folgt, sondern ihren eigenen. Deshalb kann man sie für visionär oder schwierig halten, je nach Standpunkt.

9 + 22 – FF: Eine Leidenschaft oder Freundschaft, die auf spirituellen, politischen oder sozialen Interessen basiert. Die Idee der Kollektivität ist das Bindeglied. **F:** Diese Verbindung verbessert alle evolutionären Instinkte im Numerogramm. Dennoch ist Größenwahn eine ernste Gefahr, weil die 9 gerne übertreibt und die 22 grenzenlos ehrgeizig ist.

11 + 11 – FF: Entweder ewige Liebe oder ewiger Hass – kein mittlerer Weg. Diese Verbindung bedeutet alles oder nichts. **F:** Erleuchtung, Einsicht, Befreiung, zerschmetterte Konventionen. Manchmal sind Geisteskrankheit oder körperlicher Verfall die Folge unbeherrschbarer Energien.

11 + 22 – FF: Diese Zahlen können großartige Partner sein, denn sie sind ihrer Natur nach sowohl ähnlich als auch verschieden und passen daher oft gut zusammen. **F:** Die Verbindung dieser Zahlen ist eher ausgleichend als problematisch.

22 + 22 - F: Hier begegnen sich möglicherweise spirituelle Partner, denen es vielleicht schwer fällt, sich um materielle Dinge zu kümmern. Darum ist diese Partnerschaft auf Wolken und Sand gebaut. **F:** Heiligkeit oder Selbstzerstörung.

5.2 Zahlen und Astrologie

Zwischen den Zahlen und der Astrologie besteht ein Zusammenhang. Ich entdeckte ihn, als ich nach Ähnlichkeiten zwischen der Persönlichkeit jeder Zahl und den Tierkreiszeichen oder Planeten (auch Sonne und Mond) suchte. Wenn Sie mit der Astrologie vertraut sind, verstehen Sie die Emanationen der Zahlen leicht. Wenn nicht, geben die Zahlen Ihnen Hinweise auf die Emanationen der Zeichen und Planeten.

Da die Sonne das Zentrum unseres Universums ist, muss die 1 ihr Zahlensymbol sein, weil diese Zahl alle anderen hervorbringt. Ihr Gegenstück, der Mond, symbolisiert dann das Gegenteil der 1, also die 2, das Ur-Weibliche.

Merkur, der unmoralische Bote, ist verspielt wie ein unschuldiges Kind und ist daher die mythologische und astrologische Verkörperung der 3.

Der sture Steinbock ist so steif und konservativ wie die 4.

Der Widder ist der ewige Heranwachsende im Tierkreis, so frisch und provokativ wie die 5.

Die Harmonie und das Gleichgewicht der Waage spiegeln sich in der 6 wider.

Jupiters Spiritualität entspricht dem Wesen der 7.

Zahl 1	Sonne
Zahl 2	Mond
Zahl 3	Merkur
Zahl 4	Steinbock
Zahl 5	Widder
Zahl 6	Waage
Zahl 7	Jupiter
Zahl 8	Saturn
Zahl 9	Fische
Zahl 10	Schütze
Zahl 11	Wassermann

Zahl 12	Jungfrau
Zahl 13	Skorpion
Zahl 14	Zwillinge
Zahl 15	Venus
Zahl 16	Mars
Zahl 17	Stier
Zahl 18	Pluto
Zahl 19	Löwe
Zahl 20	Krebs
Zahl 21	Neptun
Zahl 22	Uranus

Saturn regiert das Gesetz und die Strafen; darum ist er mit der 8 verbunden.

Die Fische symbolisieren Menschlichkeit und neigen wie die 9 zu Übertreibung.

Der Schütze ist der Neubeginn des Zyklus, der mit der 9 endet, und entspricht somit der 10. Im Tierkreis zeigt er mit seinem Pfeil (1) auf das Unendliche (0) und folgt ihm dann. Er steht für ein ganz neues Universum.

Der Wassermann ist ein Symbol der Befreiung von Dogmen, ebenso wie die 11.

Die Jungfrau verwandelt Chaos in Ordnung. Auch die Zahl 12 versucht, die merkurische Verzückung der 3 zu dämpfen. Die Jungfrau und die 12 sind nur an praktischen Dingen interessiert, und beide sind Sinnbilder der Wirtschaftlichkeit und der Nüchternheit.

Der Skorpion und die 13 sind Symbole des Todes, des Bruchs und der radikalen Veränderung; sie verwandeln Unsicherheit in Stabilität. Beide sind voller Leidenschaft und Furcht, und dieses Gemisch ist der Brennstoff für eine ungestüme Persönlichkeit.

Die Zwillinge stehen wie die 14 für ständigen Wandel, eine doppelte Persönlichkeit und logisches Denken. Wird diese Fülle nicht in die richtigen Bahnen gelenkt, schwillt sie bald zu einer unerwünschten Flut an.

Die Griechen nannten die Venus „Luzifer“, und die 15 symbolisiert die Menschen als gefallene Engel (wie Prometeus). Venus und die 15 sind die romantische Seite der Wesen und Dinge; sie bedeuten Lust, Glück und Künste, aber auch Verderbtheit, Trägheit, Mangel an Selbstbeherrschung und Parteilichkeit.

Der Mars und die 16 symbolisieren Krieg, Streit, Zerstörung, Sterilität, Kühnheit, Sieg und einen Krieger.

Der Stier und die 17 spiegeln Tradition, Konservatismus und Hoffnung wider. Sie streben immer nach materieller Fülle und sind großzügig, aber besitzergreifend.

Pluto und die 18 sind die Unterwelt, der Augenblick, in dem wir die unbewusste Ebene betreten. Sie stehen für Besessenheit, Finsternis, die dunkle Seite, Verwirrung, Unklarheit und den Reiz des Risikos. Außerdem erinnern sie uns an den Mythos von Persephone.

Die 19 besteht aus den Ziffern 1 und 9, also aus Anfang und Ende. Sie deutet somit auf ein Bedürfnis nach Macht hin, das leicht eine autoritäre Persönlichkeit hervorbringen kann. Der Löwe gilt als König des Dschungels, der brillant und faszinierend sein kann – aber sein Schatten ist der blutige Despot.

Die 20 ist das große Weibliche, der Gipfel der Yin-Qualitäten, die Große Mutter. Der Krebs ist ein Zeichen der Gefühle, der Wahrnehmung und der Nahrung.

Neptun und die Zahl 21 sind aus dem gleichen Holz geschnitzt. Sie sind Archetypen, die wir mit Fantasie, Traum, universeller Liebe, fruchtbarer Übertreibung und Pomp verbinden. Neptuns Zeichen ist der Dreizack, eine Anspielung auf die Trinität.

Uranus schließlich ist die 22, der verrückte Gott.

5.3 Die Smaragdtafel

Der mythische Hermes Trismegistos schrieb angeblich diesen uralten Text, eine kleine Perle der Alchemie, die in einer poetischen und doch einfachen Sprache ein natürliches Phänomen erklärt, das die Basis des alchemistischen Geheimnisses und daher auch der Magick ist.

Als abschließende Meditation möchte ich Ihnen eine überarbeitete Version dieses Textes vorstellen, gefolgt von einem Kommentar zu seiner Zahlensymbolik.

Der Zusammenhang zwischen den Zahlen jedes Verses und der Bedeutung des Textes ist leicht zu erkennen. Der erste Vers bekräftigt die universelle Wahrheit. Der zweite führt die Teilung und die Dualität ein – das, was oben und unten ist, was einander widerspiegelt, um die Einheit zu verkünden. Wenn wir an Teilung glauben, erleben wir eine Überraschung: Alles ist eins, der Schatten ist nur eine Widerspiegelung der Urmaterie. Dies ist das Wunder der Singularität.

Der dritte Vers enthüllt den Wandel der Dualität, der nur durch die 3 möglich ist. Zwei Gegensätze arbeiten harmonisch zusammen, um etwas Drittes hervorzubringen, das nichts anderes ist als die Frucht der Urmaterie (1), die aus dem Nichts (0) kommt.

Der vierte Vers spielt auf das Gesetz des Tetragrammaton an: Die Sonne (1) ist der Vater, der Mond (2) die Mutter, der Wind (3) trägt die Frucht der männlich-weiblichen Vereinigung in sich, und die Erde (4) ist die Materie, die dem Wesen Form gibt und es ernährt.

Der fünfte Vers handelt von der Macht des Menschen, der Macht des Willens (Thelema), des natürlichen Impulses, der Berufung, der wahren Natur: Diese Kraft ist vollständig, wenn sie zu Erde wird, das heißt, sie ist real, wenn sie sich materialisiert, ohne dass „Wie?" und „Warum?" sich einmischen. Der Mensch ist das Pentagramm, verbunden mit der Zahl 5 und begabt mit dem heiligen Willen.

Der sechste Vers spricht von der Trennung der Erde und des Feuers, also der Materie vom Geist. Die 6 besteht aus zwei Dreiecken, einem positiven und spirituellen (Feuer) und einem negativen und materiellen (Erde). Es

DIE SMARAGDTAFEL[27]

1. Es ist wahr, keine Lüge, völlig gewiss.

2. Was unten ist, das ist wie das Obere,
und was oben ist, das ist wie das Untere,
um das Wunder der Einheit zu vollbringen.

3. Und weil alles vom Einen gekommen ist
und immer noch kommt,
wurde alles durch Wandel aus dem Einen geboren.

4. Die Sonne ist sein Vater, der Mond seine Mutter,
der Wind hat es in seinem Leib getragen,
und die Erde ist seine Amme.

5. Es hat allen Willen hervorgebracht,
und seine Kraft bleibt unversehrt, wenn es zu Erde wird.

6. Trenne die Erde vom Feuer und das Feine vom Groben,
gütig und sehr sorgsam.

7. Es steigt von der Erde zum Himmel empor
und kommt zur Erde zurück und empfängt die Kraft
des Oberen und des Unteren.

8. So hast du allen Ruhm der Welt,
und alle Finsternis wird von dir weichen.

9. Dies ist die stärkste aller Kräfte, denn sie besiegt alle feinen
Dinge und durchdringt jede grobe Materie.

10. So wurde das Universum geschaffen.

11. Es gibt zahllose Abwandlungen von ihm,
und das Vehikel ist da.

12. Darum werde ich Hermes Trismegistos genannt,
und ich besitze die drei Teile der Weisheit dieser Welt.
Was ich über die Sonne sagte, ist erfüllt und vollendet.

[27] Op. cit., S. 228, 229.

ist notwendig, das eine behutsam von dem anderen zu trennen, nicht um zu zerstören, sondern um die Natur der Dinge zu erfassen.

Der siebte Vers erzählt von der Suche des Menschen nach Wissen, vom Bedürfnis, in die Tiefe der Erde zu gehen, um mit den Dämonen fertig zu werden, und zum Himmel empor zu steigen, um den Engeln zu begegnen. Dies ist die Himmelfahrt der Einheit.

Ein Magier kann sich bei seiner Arbeit nicht auf die eine Hälfte des Universums beschränken, denn eine Hälfte ist nicht die Einheit. Und die Magick der Hälfte ist schwarze Magick, schwarz im Sinne von Finsternis und Unwissenheit – doch auch dies ist ein Weg zum Wissen, weil jede „Dunkelheit" einen „weißen" Aspekt hat und umgekehrt (siehe das Yin-Yang-Symbol). Lassen wir uns nicht verwirren: Ein Weiser muss die Unwissenheit kennen, um weise zu werden. Doch wenn ein Mensch unwissend bleibt, kann er auch dumm, faul oder destruktiv sein. Und wenn wir im Zustand der Weisheit bleiben, glauben wir fälschlich, alles zu wissen – siehe Aleister Crowley, *The Book of Lies* (Maine: Samuel Weiser, 1973). Das Werk des Magiers besteht also darin, das Getrennte wieder zu vereinigen. Das gelingt ihm jedoch nur, nachdem er die Urmaterie geteilt hat; nur dann versteht er Gott, den Schöpfer und Zerstörer. Dadurch kann er seinen verborgenen Gott erwecken, der ein Teil des Ganzen ist, eines Ganzen, das aus der Vereinigung winziger Bruchstücke entsteht.

Der achte Vers sagt: Sobald wir den Ruhm der Welt erringen (Gerechtigkeit, Geld und Respekt: Attribute der 8), weicht die Dunkelheit.

Der neunte Vers bekräftigt die Macht der Starken.

Der zehnte Vers spiegelt die Gesamtheit der universellen Schöpfung wider. Die 10 symbolisiert die Einheit, gefolgt vom Unendlichen.

Der elfte Vers erklärt, dass diesem Willen alle möglichen Veränderungen entspringen. Er bestätigt, dass alles im Universum heilig ist. Alle Ideen und Traditionen sind falsch, weil sie nur für ihre Schöpfer gut sind. Darum sind sämtliche Gurus nutzlos, denn jede Erfahrung ist einzigartig, persönlich und unübertrefflich. Es ist interessant, dass dieser Vers der Zahl elf entspricht, die manche für eine Emanation der Verdammnis halten. Jede dogmatische Religion zerstört die Individualität des Menschen und beraubt ihn seines freien Willens. Die Folge ist, dass er die Verbindung zu Gott verliert und seine Seele stattdessen an einen Priester oder Guru verkauft. In der *Bhagavadgita,* einer heiligen Schrift der Hindus, spiegelt Arjunas Konflikt dieses Thema wider. Arjuna ist ein Soldat, den Krishna beauftragt hat, ein feindliches Heer (das „Böse“) zu vernichten. Diese Armee besteht aus einigen seiner Verwandten (Onkel und Vettern), was Arjuna verwirrt: „Warum verlangt Krishna, dass ich meine Onkel und Vettern töte?“ Da die *Gita* ein sehr komplexes Buch ist, empfehle ich Ihnen, sie zu studieren, um selbst Klarheit zu gewinnen. Wichtig ist, dass Sie eine gute Übersetzung ohne Kommentar lesen, denn Gurus versuchen gerne, dem Text ihre Dogmen unterzuschieben (das geschieht mit allen heiligen Schriften). Deuten Sie die *Gita* also selbst und verwenden Sie allenfalls Kommentare, die Begriffe erklären, aber lehnen Sie alle Dogmen ab, denn sie sind im neuen Äon eine Sünde.

Der zwölfte Vers handelt von den drei Teilen einer Philosophie für die Welt (4), denn 3 x 4 = 12. Die 12 symbolisiert das Ende eines heiligen Zyklus, die Tierkreiszeichen, die Monate des Jahres und so weiter.

Schluss

Manchmal taucht eine Zahl immer wieder in Ihrem täglichen Leben auf – als Ihre Telefonnummer, die Nummer Ihrer Wohnung, Ihre Sozialversicherungsnummer, Ihr Platz im Theater und so weiter. Wenn das geschieht, erhalten Sie von der Synchronizität eine Botschaft. Studieren Sie diese Zahl und ihre Bedeutung genau – auch im Rahmen ihres Numerogramms –, damit Sie erfahren, wie die Botschaft lautet.

Denken Sie aber immer daran, dass nur Sie das Buch Ihres Schicksals schreiben. Weder das Karma noch Gott oder das Böse bestimmt Ihr Schicksal. Sie sind Gott (der Schöpfer des Guten und des Bösen), und darum sollten Sie ihr esoterisches Wissen nutzen, um sich aus der mentalen Sklaverei zu befreien – und nicht, um in eine weitere Falle zu tappen.

Die einzige Möglichkeit, sich (und dadurch Ihre Mitmenschen) zu transformieren, ist Liebe, und zwar bewusste, vom Willen gesteuerte Liebe. Liebe in ihren vielen Facetten. Die Zahlen haben die Aufgabe, Ihnen zu zeigen, dass es endlos viele Wahrheiten gibt.

Liebe und Wille
Johann Heyss

Über den Autor

Johann Heyss ist Schriftsteller, Übersetzer, Musiker, Sänger und Komponist. Er wurde am 20. August 1968 in Rio de Janeiro geboren und hieß ursprünglich Alexandre Gomes Soares. Als seine musikalische Karriere begann, legte er sich einen Künstlernamen zu, der zugleich ein Motto ist. Schon als Heranwachsender interessierte er sich für Okkultismus. Obwohl er sich für die Objektivität der Zahlensymbolik interessiert, war er nicht mit den oberflächlichen numerologischen Systemen zufrieden, die so beliebt sind. Deshalb entwickelte er seine eigene Numerologie. Er begann, die Bedeutung der Zahlen in verschiedenen Systemen zu untersuchen, er las beruflich Numerogramme, leitete Seminare und schrieb Bücher. Wer diese Techniken erlernt, schult seine Sinne; darum vertritt Johann Heyss den Standpunkt, dass die Numerologie eine „Do-it-yourself-Methode" ist, die jeder lernen und anwenden kann.

Sein erstes Buch, *Einweihung in die Numerologie,* wurde 1996 in Brasilien, 2001 in den USA und 2003 in Deutschland veröffentlicht.

Johann Heyss hat zwei Solo-CDs produziert: *Look Carefully* (1998) und *The Blue Sea* (2003).

In Brasilien hat Johann Heyss eine Studie über Aleister Crowleys Thoth-Tarot veröffentlicht: *O Tarô de Thoth.*

www.johannheyss.com